LE PRÉCIEUX
FIL DES JOURS

LE PRÉCIEUX FIL DES JOURS

Réflexions

à l'intention des mères qui courent après le temps

KATRINA KENISON

Traduit de l'américain par
Suzanne Grenier et Sylvie Bérard

Collection
guide ressources

Certaines parties de ce livre ont déjà paru, sous une forme légèrement différente, dans les publications suivantes :
« Jeu » sous le titre « Mud-Pie and Make Believe » dans *The Ladies' Home Journal*, juin 1999.
« Sabbat » sous le titre « The Secret of Stressless Sundays » dans *Redbook*, septembre 1999.
« Étirements » sous le titre « The Secret Ways Kids Change Us » dans *Redbook*, novembre 1999.
Sincères remerciements à Debra Woods pour avoir accordé l'autorisation de reproduire sa lettre dans « Choix ».
« Pour les enfants » est la version française d'un poème tiré du livre de Gary Snyder *Turtle Island*, © 1974. La version originale avait été reproduite avec l'autorisation de New Directions Publishing Corp.

Révision : Cécile Rolland
Traduction : Suzanne Grenier et Sylvie Bérard
Infographie : Martine Champagne
Graphisme de la page couverture : Martine Champagne
ISBN 2-89565-045-4
Première impression : 2001
Dépôts légaux : deuxième trimestre 2001
Bibliothèque nationale du Québec
Bibliothèque nationale du Canada

Éditions AdA Inc.
172, des Censitaires
Varennes, Québec, Canada   J3X 2C5
Téléphone : (450) 929-0296
Télécopieur : (450) 929-0220
www.ADA-INC.com   INFO@ADA-INC.COM

Les Éditions Goélette
600, boul. Roland-Therrien
Longueuil, Québec, Canada   J4H 3V9
Téléphone : (450) 646-0060
Télécopieur : (450) 646-2070

Diffusion
Canada : Éditions AdA Inc.
Téléphone : (450) 929-0296
Télécopieur : (450) 929-0220
www.ADA-INC.com   INFO@ADA-INC.COM
France : D.G. Diffusion
Rue Max Planck, B.P. 734
31683 Labege Cedex
Téléphone : 05-61-00-09-99
Belgique : Rabelais - 22.42.77.40
Suisse : Transat - 23.42.77.40

Imprimé au Canada

Données de catalogage avant publication (Canada)
Kenison, Katrina
    Le précieux fil des jours : réflexions à l'intention des mères qui courent après le temps
    Traduction de : Mitten strings for God.
    Publ. en collab. avec : Éditions Goélette.
    ISBN 2-89565-045-4
    1. Mères - Morale pratique. I. Titre.
BJ1610.K4614 2001   291.4'41   C2001-940462-X

POUR HENRY ET JACK, BIEN SÛR

*Les hommes voyagent pour contempler
les cimes montagneuses et les vagues de la mer,
les larges fleuves et le vaste océan,
et ils passent sans se voir eux-mêmes,
qui constituent le miracle suprême.*

— SAINT AUGUSTIN

TABLE DES MATIÈRES

LE PRÉCIEUX FIL DES JOURS

INTRODUCTION

Chaque année, et ce, depuis la naissance de nos deux fils, maintenant âgés respectivement de neuf et six ans, mon époux et moi restons en contact avec nos parents et amis à l'approche de Noël au moyen de l'une de ces «lettres des fêtes» si décriées. Nous en sommes venus à considérer cette opération comme une mesure palliative nécessaire – l'autre solution serait d'afficher un silence complet – en ces années frénétiques de devoir parental et de labeur.

Il y a deux ans, en cette même période, alors que je n'avais à rapporter aucun événement notable, j'ai rédigé une lettre qui ne ressemblait pas aux précédentes et qui décrivait mon désir intime de ralentir le cours des choses au cœur de la période des Fêtes et d'adopter un rythme plus doux. J'avais découvert que durant ces moments où j'arrivais à m'arrêter assez longtemps pour goûter à ma propre vie, mes enfants semblaient à la fois plus heureux et plus sereins. Soudain, je réalisais que nous avions véritablement quelque chose à célébrer : la pure joie d'être ensemble. Il s'agissait de réflexions toutes simples, il est vrai, et pourtant, à ma grande surprise, la lettre a eu un parcours bien enfants moins d'activités et plus d'espace pour souffler, moins de leçons et plus de temps pour faire leurs propres découvertes. Nous pouvons jeter un bon coup d'œil à nos calendriers sur- chargés et nous délester des activités et des engagements qui n'enrichissent pas nos jours. Nous pouvons être plus indulgents avec nous-mêmes et en demander moins à nos enfants. Nous pou- vons protéger et respecter les moments calmes et non planifiés, et nous pouvons les léguer à nos fils et à nos filles.

Sans aucun doute, certaines des notions qui figurent dans ces pages sembleront rudimentaires. Cependant, à mon avis, ce sont souvent nos gestes les plus ordinaires ou nos plus petites réussites qui nous apportent le plus de gratification. Et, dans notre vie occupée, ce sont souvent les gestes les plus banals qui échappent à notre attention, les besoins les plus élémentaires qui ne sont jamais comblés. Prenez l'exemple suivant. Nous trou- vons le moyen de conduire les gamins aux neuf cours qu'ils sui- vent chaque semaine, de planifier les vacances à Disney World et d'organiser une fête d'anniversaire réunissant une douzaine d'enfants de cinq ans et comprenant un invité mystère costumé et des prix de présence. Alors pourquoi semble-t-il impossible de se débrouiller pour arriver à raconter une histoire à la lueur d'une chandelle ? En vérité, l'histoire – celle que l'on raconte du fond du cœur dans la pénombre où vacille la lueur de la chandelle – est plus nourrissante pour l'âme de notre enfant, et pour la nôtre également, que n'importe quelle pratique de soccer, n'importe quelle audience avec Mickey ou n'importe quel amoncellement de cadeaux d'anniversaire. Nous savons tous cela. Mais parfois nous l'oublions. Et parfois nous avons vraiment besoin d'aide et d'inspiration, alors que nous tentons de nous ménager une voie entre le chaos total d'un lundi matin pressé et un lieu de repos au chevet d'un enfant à la fin de la journée.

Je n'ai pas eu soudain l'illumination spontanée de recréer ma vie. Au contraire, j'ai amorcé ces réflexions alors que je commençais à rédiger la lettre de Noël qui devait inspirer tous ces gens : à partir de mes propres besoins de mère et de mon désir qu'il y ait plus d'espace et d'harmonie au sein de ma famille. La lettre s'est allongée pour devenir le chapitre intitulé « Paix » – et puisque j'avais si bien commencé, j'ai décidé de continuer, d'essayer de vivre de manière plus réfléchie en prenant le temps de mettre des mots sur ce qui comptait pour moi. J'ai écrit ce livre parce que j'en avais moi-même besoin – et soupçonnais que je n'étais pas la seule, que d'autres mères aspiraient à offrir à leurs enfants autre chose que le vacarme, la pression et le matérialisme qui ont envahi notre culture.

J'ai appris que même la plus petite modification à ma propre façon de penser a généralement un effet plus puissant sur ma vie quotidienne que n'importe quelle initiative de grande envergure visant ma croissance personnelle. C'est la même chose pour ce qui est d'élever les enfants. Cultivant l'image de ce que leur personnalité a de meilleur et de plus authentique, je découvre soudain que cette vision est devenue réalité. Nous créons notre vie à même notre propre imagination bien avant d'en arriver à des changements concrets. Alors j'essaie de m'imaginer ce qui serait possible et de vivre mes journées de manière responsable et avec un certain sens de l'humour. Ce livre, en ce sens, n'a pas pour objet de transformer votre vie. Il vise plutôt à vous faire prendre conscience de la vie que vous avez déjà et à vous permettre de reprendre votre propre vie en main en même temps que vous protéger de la force d'attraction d'un monde qui tourne trop vite.

Finalement, bien sûr, chacun doit trouver sa propre façon d'être dans le monde. Il y a autant de façons de vivre qu'il y en a d'aimer, et chaque famille a un rythme qui lui est propre, une manière bien à elle de faire et d'être. Cependant, je suis convaincue que, en tant que mères, nous foulons un sentier commun qui traverse un territoire accidenté et indescriptible fait d'amour et de fureur, d'exultation et d'exténuation, de manque de confiance en soi et de découverte de soi. Toutes les mères que je connais souhaitent établir des relations étroites et significatives avec leurs enfants, et pourtant aucune d'entre nous n'est immunisée contre la pression des obligations et des événements quotidiens. Nous sommes sous l'emprise des exigences de notre emploi et de notre famille, et des tiraillements incessants d'une culture où tout va trop vite.

Et la plupart d'entre nous trouvent cela de plus en plus difficile, lorsque nous sommes confrontées à la pression extérieure, de nous rappeler ce que nous savons déjà : le vrai bonheur se trouve à l'intérieur de soi et dans l'harmonie tranquille de nos rapports avec les autres. Toutefois, si nous laissons cette conviction intérieure nous échapper, nos enfants ne l'apprendront peut-être jamais d'eux-mêmes, puisque nous sommes leurs premières enseignantes. Il appartient à chacun d'entre nous de donner l'exemple, de montrer par nos actions combien nous respectons l'intimité, la contemplation et l'émerveillement. Là est peut-être le plus bel héritage que nous pouvons léguer à nos enfants : la capacité d'être fasciné par les offrandes paisibles de la vie quotidienne.

Le passage des années m'a remplie d'une grande reconnaissance à l'égard de ces femmes qui sont passées par là avant moi et qui ont bien voulu baliser la route pour moi afin que je puisse trouver mon chemin avec un peu plus d'assurance. J'espère que ces pages joueront le même rôle pour les autres mères et pour leurs enfants.

Katrina Kenison
Juillet 1999

LA QUOTIDIENNETÉ

*N*ous sommes devenus des experts documentaristes pour tout ce qui touche la vie de nos enfants. Aussitôt que mes fils ont fait leur première apparition dans la salle d'accouchement, ils ont été les vedettes de nos films maison et les sujets privilégiés de nos photographies. Mais les moments les plus précieux de la vie de ma famille ne sont pas ceux qu'ont illuminés les chandelles d'anniversaires, les lumières de Noël ou les tours de manège dans les parcs d'attraction, et ils ne peuvent être capturés sur cassette ou sur pellicule.

Les moments que je chéris le plus sont ceux qui surgissent sans crier gare dans le cours de n'importe quelle journée – petits, évanescents, négligeables, si ce n'est que je me vois offrir, pour un instant, un aperçu de ce que recèle l'âme de l'autre. S'il y a une chose que mon expérience de mère m'a enseignée, c'est bien à demeurer attentive à ces moments, à laisser à la vie suffisamment de place pour leur permettre de survenir, puis à en apprécier la beauté fugitive : un « bisou de poisson » qui claque sur la joue en guise de bonne nuit ; une grosse cuillerée de tire d'érable sur la neige qui m'est servie au lit à grand fracas par un

8

matin de tempête hivernale ; une conversation avec une sala-
mandre tachetée découverte sous une pierre, et qui cligne
calmement des yeux… Voilà les moments qui, entrelacés,
constituent le tissu unique de notre vie de famille. Là se trouve
la couleur profonde, la lumière et l'ombre, des jours que nous
avons passés ensemble.

J'ai eu la chance d'avoir un mentor dans l'art de vivre
l'instant présent. En fait, ses leçons les plus précieuses, je les ai
reçues après sa mort. Henry, mon aîné, avait alors un an et demi
et c'était la première fois que je le laissais à la maison pour aller
passer quatre jours à Atlanta afin de faire le ménage dans les
papiers d'Olive Ann Burns. Lorsqu'elle et mois nous nous
étions rencontrées, huit années auparavant, j'étais une jeune
femme ambitieuse âgée de vingt-cinq ans, avide de me tailler une
place dans le monde de l'édition new-yorkaise. Elle était une
femme au foyer de soixante-six ans sur le point de publier son
premier roman après avoir combattu un cancer pendant dix ans.

Cold Sassy Tree a surpris tout le monde en devenant un best-
seller et Olive Ann Burns est devenue une célébrité nationale.
Ayant été confinée à sa maison durant toutes ses années de mala-
die, elle savourait sa minute de gloire à fond. Mais cela ne devait
pas durer. Peu après s'être embarquée dans l'écriture d'une suite
à *Cold Sassy Tree*, son cancer est revenu. Même si elle continuait
à l'écrire et à la fin à le dicter de son lit, son livre était inachevé
lorsqu'elle est morte en juillet 1990.

Au moment où Olive Ann est morte, j'avais quitté le milieu
de l'édition pour travailler à la maison, d'où je dirigeais la publication d'une anthologie annuelle de nouvelles littéraires. Autant
j'avais adoré ma carrière, autant je savais que je ne pouvais pas
être engagée de manière aussi soutenue dans mon travail en
même temps que je l'étais auprès de mes enfants. Toutefois, ma
relation avec Olive Ann avait depuis longtemps transcendé les
simples rapports entre une auteure et son éditrice. C'était mon
amie et mon professeur tout à la fois, car elle incarnait cette sorte

de courage et de spiritualité à laquelle j'aspirais. De son côté, elle en était venue à se fier à mon jugement d'éditrice et elle savait que je serais honnête avec elle à propos de son nouveau livre.

Olive Ann avait complété douze chapitres lorsqu'elle est morte et avait rédigé des notes pour que d'autres terminent son roman. Dans ses dernières volontés, elle précisait aussi explicitement ce qu'elle voulait qu'on fasse avec son manuscrit. Elle voulait qu'il soit publié coûte que coûte, de manière à ce que les centaines de gens qui lui avaient écrit pour réclamer une suite ne se sentent pas laissés pour compte. Olive Ann m'avait raconté cette histoire plusieurs fois : nous étions assises côte à côte sur son divan et elle me montrait l'album de photos de sa famille, me faisant faire la connaissance des personnages réels qui avaient inspiré son œuvre. Alors, avec l'encouragement de sa famille, j'ai accepté de compléter les chapitres qu'avait écrits Olive Ann en y ajoutant les réminiscences de l'auteure, expliquant comment elle en était venue à écrire *Cold Sassy Tree* et en donnant de la substance à l'histoire racontée dans la suite au premier roman. C'est cette mission qui m'a menée jusqu'à Atlanta.

Chaque mère se souvient des premières nuits qu'elle a passées au loin sans son premier enfant. En m'installant dans la petite auberge familière située à quelques pâtés de maison de la demeure d'Olive Ann et où je descendais toujours lorsque je la visitais, je me suis sentie comme si l'on m'arrachait à ma vie actuelle d'épouse et de mère et qu'on me précipitait dans mon ancienne vie. Je relisais *Cold Sassy Tree* pour me préparer au travail qui m'attendait et – ô merveille des merveilles – j'étais seule. Pour la première fois depuis la naissance de mon fils, j'avais du temps pour réfléchir, pour refaire connaissance avec moi-même, indépendamment de mon mari et de mon bébé. J'ai tenté de goûter cette solitude, car j'avais toujours adoré la solitude, mais là je me sentais comme si j'avais perdu pied, flottant librement dans une chambre d'hôtel alors que ma vraie vie se poursuivait sans moi, quelque part ailleurs. J'ai réalisé toute la reconnaissance que j'éprouvais à l'égard de ces liens qui me gardaient habituellement en place, et j'étais impatiente de rentrer à la maison.

C'est dans cet état d'esprit que je me suis assise au milieu d'une pièce remplie de la présence d'Olive Ann. Il y avait les brouillons de *Cold Sassy Tree*, chaque page dactylographiée densément couverte de révisions écrites de sa main ; il y avait les boîtes du courrier envoyé par ses fans ; il y avait les pages manuscrites du nouveau livre, les idées qu'elle avait griffonnées au verso d'enveloppes et de listes d'épicerie, les lettres d'amour de son défunt mari ; et, peut-être le plus poignant de tous ces éléments, des notes qu'Olive Ann avait rédigées à sa propre intention pour garder courage durant les temps difficiles.

Tard dans l'après-midi de la dernière journée que je devais passer à Atlanta, j'ai mis la main sur une feuille de papier ligné en jaune sur lequel Olive Ann avait écrit ces mots :

J'ai appris à cesser de traverser la vie à toute vitesse, de toujours essayer de faire trop de choses trop vite sans prendre le temps de savourer les activités quotidiennes. Je crois que j'ai toujours pensé que la vraie vie, c'était d'avoir des sensations fortes. Je ne parle pas de celles que procure la drogue, je veux dire que pour moi, ma vraie vie, c'était quand je suis tombée amoureuse, ou quand j'ai obtenu mon premier emploi, ou quand j'étais capable de venir en aide à quelqu'un, ou quand j'ai vu mon bébé venir au monde, ou quand je vivais une bonne matinée d'écriture vraiment intense. Entre les temps forts, j'étais impatiente – vous savez comment c'est –, la vie m'apparaissant tellement quotidienne. Maintenant, j'aime la quotidienneté. J'aime bien laver la vaisselle. J'adore cuisiner, je vois les roses de mon père par la fenêtre de la cuisine, j'aime cueillir des haricots. Je prête attention à tout – le chant des oiseaux, les nuages, le bruit du vent, le triomphe du soleil après deux semaines de pluie. Avant, je considérais ces choses comme acquises.

On aurait dit qu'Olive Ann s'adressait directement à moi. J'ai recopié ces quelques phrases, puis, à mon retour à la maison, je les ai collées au-dessus de mon bureau et elles y sont restées jusqu'à ce jour. Durant plusieurs semaines, je me retrouvais avec les larmes aux yeux chaque fois que je les lisais, car ma propre vie avec un jeune enfant n'était pas autre chose que de la « quotidienneté ». Mais ma vie à moi venait tout juste de commencer, alors que la sienne s'était terminée. Son absence me rappelait d'être attentive à chaque instant tandis que j'en étais encore capable. Elle n'était plus là, et cela m'amenait à respecter le fait que nous sommes seulement de passage sur cette terre.

D'une certaine manière, ces mots m'ont propulsée sur la voie de ce que j'ai appris à percevoir comme étant mon authentique vie d'adulte. L'idée de vivre l'instant présent n'est pas nouvelle, bien sûr, mais le bout de papier que j'ai ramené d'Atlanta et que j'ai accroché au-dessus de mon bureau a été l'inspiration dont j'avais besoin pour commencer à faire d'une idée un mode de vie. Ces simples mots semblaient m'offrir un modèle, une manière d'être qui méritaient que je m'efforce de les mettre en pratique. Je ne voulais pas apprendre cette leçon après avoir souffert pendant dix ans du cancer et après m'être colletée avec la mortalité des êtres et des choses, comme cela avait été le cas pour Olive Ann, je voulais apprendre cette leçon maintenant, prendre conscience de la beauté de la vie même avant que le destin me l'arrache.

Notre société accorde une grande valeur à la réussite et à la possession. On ne tient pas en haute estime – quand on ne les ignore pas complètement – les bienfaits subtils de la contemplation et de la relation profonde avec un autre être humain. Par conséquent, les mères sont constamment tiraillées dans deux directions opposées. Pouvons-nous satisfaire aux demandes de notre carrière et du monde en général, et combler nos propres besoins physiques et émotionnels – sans parler de ceux de nos enfants – tout à la fois ? Pouvons-nous garder l'oeil sur ce qui est important à chaque moment de notre vie ? Savons-nous comment refermer la porte, arrêter le bruit et nous brancher sur notre propre vie intérieure ?

Tous nous avons, à un moment ou à un autre, été victimes du cycle inflexible des heures de jeu et des leçons parascolaires de nos enfants, de la pression de leurs accomplissements scolaires et athlétiques et de leur désir infini d'avoir les jouets, les jeux vidéo ou les souliers de course griffés les plus à la mode. L'adage de notre époque semble être « Retire le plus que tu peux de la vie ! » Et nous nous y plions de notre mieux. On accroche un en-cas au passage, on rassemble la marmaille et nous voilà sortis – pour faire, acheter ou apprendre quelque chose de plus.

Cependant, tout à notre effort pour faire en sorte que chaque minute « compte », nous semblons avoir perdu le don d'apprécier l'ordinaire. Nous en donnons tant à nos enfants que l'extra-ordinaire n'est plus spécial désormais et que, tout à la fois, les subtils rythmes de la vie quotidienne nous échappent. Nous en faisons trop et en savourons trop peu. Nous prenons l'action pour du bonheur, alors nous bourrons d'activités les journées de nos enfants et nous leur remplissons la tête d'information, alors même que nous devrions plutôt nourrir leur âme. Je connais une mère qui s'est approchée de son gamin de deux ans, perdu dans ses rêveries, et qui s'est inquiétée de ce qu'il soit en train de « perdre son temps ».

Avec les années, j'ai *appris* à cesser de traverser la vie à toute vitesse, mais c'est une leçon que je dois aborder et réapprendre chaque jour, car le monde conspire pour que nous continuions à bouger vite. J'ai découvert qu'il m'est beaucoup plus facile de demeurer occupée que de m'engager à conserver du temps libre – cela n'est guère surprenant, peut-être, dans une culture qui semble considérer qu'être occupé c'est être en vie. Pourtant, si nous ne participons pas aux petits rituels de la vie, si nous ne pouvons pas trouver le temps de savourer la «quotidienneté», eh bien, nous nous retrouvons vraiment démunis. Nos agendas font mourir de faim nos âmes.

Comme toutes les mères, je nourris des rêves à l'égard de mes enfants et, parfois, je tombe sous l'emprise des aspirations que j'ai pour eux. Nous voulons que nos enfants réussissent ! Mais lorsque je m'arrête à penser à ce que je veux *vraiment* pour eux, je sais que ce n'est pas le confort matériel ou la réussite scolaire ou les prouesses athlétiques. Mon espoir le plus profond, c'est que chacun de mes fils soit capable de percevoir le sacré dans l'ordinaire ; et, également qu'ils grandissent en apprenant à «aimer la quotidienneté». Alors, pour leur bien à eux autant que pour le mien, je me rappelle de ralentir et de goûter les petits gestes de tous les jours. Le rythme quotidien de la vie, les humbles rituels domestiques, les nourritures que je dispense – voilà les offrandes que je fais avec amour à mes enfants et que je reçois d'eux avec gratitude.

Lorsque je cesse de traverser ma vie à toute vitesse,
je trouve la joie dans chaque action quotidienne, dans
une existence qu'on ne peut acheter, mais qu'on peut
seulement découvrir, créer, goûter et vivre.

LE MATIN

HABITUELLEMENT, HENRY EST le premier, il se glisse dans notre lit avant la première lueur du jour, retombant parfois endormi niché dans le creux du dos de son père. Ce n'est pas long que Jack se faufile aussi. Tenant son oreiller, encore à moitié endormi, il sait bien qu'il peut se glisser dans mes bras, qu'il se fera soulever, installer confortablement et envelopper de caresses et de duvet d'oie. Bientôt, la chaudière revient à la vie dans un frisson. Quand je poserai les orteils sur le plancher, la pièce sera chaude ; la maison se prépare pour nous. Par la fenêtre au pied du lit, les premières traînées pâles de couleur filtrent dans le ciel. Il y a un moment d'immobilité, encore enrubanné de rêves, avant que le jour à venir commence à prendre forme dans mon esprit – rendez-vous à respecter, projets pour mon travail, les horaires des enfants et, également, mes propres aspirations quant à cette journée.

À la fin, ce ne sont pas les enfants mais les corneilles qui me remettent les idées en place. Elles gouaillent et vocifèrent dans l'aube autour de leur déjeuner comme une bande de travailleurs de la construction chahuteurs, animés par une trop grosse dose de café. Puis, les premières paroles du matin sont prononcées. Qui peut jamais se rappeler, plus tard, ce qu'elles disaient. (Aujourd'hui, Jack : « Eh bien, il ne reste plus que dix-neuf jours avant mon anniversaire ! ») Qu'ils soit mémorables ou triviaux, spontanés ou mûris, les mots qui brisent le sortilège silencieux de la nuit sont néanmoins le commencement de quelque chose de nouveau, d'un autre jour dans la vie de notre famille. Peut-être est-ce un commencement que nous considérons comme acquis ou que nous ne reconnaissons même pas comme tel. Certains matins, nous jaillissons tous du lit déjà en retard, nos pensées prenant les devants pour se ruer dans le monde qui s'étend au-delà de notre porte d'entrée.

Mais je me mentirais à moi-même si je ne donnais pas au matin ce qui lui revient. Car les premières minutes d'éveil peuvent affecter la qualité d'une journée entière, déterminant comment les choses iront pour chacun d'entre nous. Nos âmes, revenant de leur mystérieux séjour nocturne, doivent maintenant s'ancrer dans la réalité et dans les préoccupations de la journée. Si je suis assez consciente pour honorer ce processus – saluer mon mari et mes enfants avec des câlins, des baisers et des mots gentils –, alors chacun d'entre nous pourra faire l'expérience de ce sentiment de renouveau qu'offre chaque journée. Les erreurs d'hier sont oubliées, les regrets, mis de côté. Ici, dans les premiers moments silencieux de cette journée, notre famille peut se trouver réunie une fois de plus, dans un esprit d'amour, reposée et revivifiée.

Avant que mon époux et moi n'ayons des enfants, le matin naissant était pour nous le moment que nous choisissions pour serrer l'autre dans nos bras et pour lui parler avec une intimité et avec une honnêteté qui ne semblaient pas possibles à d'autres moments. Durant ces premiers moments de vulnérabilité après l'éveil, nous pouvions partager nos peurs, ouvrir notre cœur, rire et rêver ensemble. Avec l'arrivée de notre premier bébé, cependant, les matins se sont mis à débuter en pleine noirceur, avant que nul d'entre nous n'y soit tout à fait préparé, alors nous avons pris l'habitude de faire monter avec nous dans notre lit nos petites créatures matinales, dans l'espoir de récolter quelques minutes de sommeil supplémentaire. Maintenant, près de dix années plus tard, nous nous retrouvons chaque matin quatre dans le même lit, enchevêtrement de bras, et de jambes, de mains et de pieds, de corps chauds et de cœurs émergeant du sommeil.

Un jour nos garçons décideront qu'ils sont rendus trop grands pour grimper dans le lit de papa et maman afin de réclamer des caresses avant que la besogne quotidienne ne commence. D'ici là, toutefois, je continuerai d'affectionner ce rituel matinal, notre petit univers à quatre, le douillet confort de me retrouver ainsi enlacée.

L'automne dernier, à l'aube, alors que nous nous trouvions au chalet qu'un ami possède au bord d'un lac, nous avons rabattu nos sacs de couchage et, tous les quatre, un à un, nous nous sommes glissés dehors. En fait, les cabinets extérieurs étaient notre destination matinale. Mais la vue de la brume du matin, montant de l'eau en vrilles dorées, nous a tous saisis. Je suis restée là un moment en silence, en compagnie de mon mari et de mes enfants, frissonnante de froid, à accueillir le jour avec reconnaissance. À la maison, bien sûr, lorsque la nature nous appelle, notre expédition matinale se borne aux installations sanitaires intérieures. Pourtant, nous pouvons arrêter un instant afin de contempler le nouveau monde qui s'étale sous nos yeux et de rendre grâce pour ce nouveau jour qui nous est donné. Puis, en un clin d'œil, nous nous dispersons – par l'éclat d'un fou rire ou par la première bataille fraternelle de la journée, par le fracas de la vaisselle du matin et par la commotion générale qui s'ensuit alors que tout le monde se lève et se rue dehors. Mais, au moins, alors que nous nous mettons en marche, nous apportons avec nous le premier cadeau de la journée, un moment silencieux béni, fait d'amour.

Accueillant le nouveau jour, chacun nous saluons
le retour de l'autre dans le monde.

LA PAIX

O N EST DIMANCHE après-midi, Jack est blotti dans le creux de mon bras, ayant décidé de tricoter avec ses doigts une balle entière de coton pendant que je fais au crochet des cordons pour réunir deux à deux toutes les paires de moufles qui subsistent encore. Nous sommes silencieux, absorbés dans notre travail depuis un long moment, lorsqu'il demande : «C'est ça la paix, n'est-ce pas ?» Je suis d'accord, c'est bien ça la paix, en effet. « J'aime cette paix », dit-il.

Si souvent, nous déplorons l'hyperactivité de nos enfants et leur irritabilité. Mais quel genre d'exemple leur donnons-nous lorsque nous nous ruons d'un endroit à l'autre nous-mêmes, en essayant d'en accomplir plus, d'en obtenir plus, d'en expérimenter plus au cours d'une seule journée ? En fait, mon exubérant gamin de cinq ans rêve d'immobilité et l'accueille avec gratitude chaque fois que je m'arrête suffisamment longtemps pour que nous l'établissions ensemble.

En tant que mère de deux garçons adorables, je suis constamment à la recherche d'un équilibre, dans notre vie familiale, entre l'activité et l'immobilité, le bruit et le silence, la compagnie et la solitude. Pour le moment, j'ai encore un certain contrôle sur la teneur des journées de mes enfants, mais à mesure que la quantité réelle de temps que nous passons ensemble diminue, il devient encore plus important – et plus compliqué – de maintenir cet équilibre. Il peut certainement y avoir un très grand écart entre ma vision d'une vie familiale harmonieuse et la réalité quotidienne. Certains jours, nous ne faisons que lancer une poignée de balles dans les airs et commençons à jongler : le travail, l'école, les leçons de musique, les cours de natation, le bénévolat, les rendez-vous des enfants avec leurs amis et les obligations sociales de papa et maman, les rencontres de parents à l'école, le travail domestique, les devoirs… La liste s'étire sans fin.

La plupart des mères que je connais se livrent à des variations autour de ces thèmes. Il va sans dire ou à peu près que nous sommes également des expertes efficaces en matière de logistique. Sinon comment pourrions-nous respecter nos dates d'échéance, nous occuper des enfants, réserver du temps pour notre conjoint et mettre un repas sur la table chaque soir ?

Pourtant, la plupart d'entre nous sont à la recherche d'une qualité de vie qui n'a rien à voir avec ces accomplissements. Il peut s'agir d'un besoin de répit ou d'espace, du désir d'établir un lien plus profond avec l'univers ou, simplement, comme le dit Jack, d'une envie de paix. C'est un aspect que nous savons être essentiel à la vie de nos enfants – et pourtant, notre propre vie manque souvent de paix.

Nous sommes *tellement* toujours en train de courir, trop pressées pour façonner et goûter ce type d'interactions signifiantes qui définissent la vie d'une famille et en nourrissent les membres. Ce n'est qu'en ralentissant notre allure que nous trouvons du temps à consacrer aux autres. Ce n'est qu'en nous arrêtant assez longtemps pour observer notre environnement que nous pouvons donner une forme et un sens à notre vie et que nous apportons les petits ajustements nécessaires pour rester en piste.

Nos enfants ont besoin de tels moments d'arrêt, eux aussi. Un repos régulier de l'esprit est aussi nécessaire à leur croissance que l'est le sommeil, l'air frais et la nourriture saine. De même que nos enfants dépendent de nous pour recevoir trois repas par jour, ils ont aussi besoin que nous aménagions pour eux des espaces paisibles au cœur de ce monde occupé.

Lorsque nous créons un havre de sérénité – que ce soit en réservant une pièce à cet effet, en établissant un rituel tout simple ou en saisissant l'instant propice – nous laissons de la place à leur esprit. Je ne veux pas que mes enfants se ruent dans leur vie d'un point à un autre. Je ne veux pas qu'ils soient bombardés de bruit, d'information et de messages médiatiques, ni qu'ils soient entraînés par un flot d'activités et de stimulations. Ils ont besoin de temps pour s'arrêter et souffler, pour trouver leur équilibre, pour se sentir en sécurité et en pleine possession d'eux-mêmes.

*P*our moi, les vacances des Fêtes sont toujours une époque de tension croissante – les anniversaires très rapprochés des enfants, la Thanksgiving et Noël à orchestrer et mon travail dont l'échéance annuelle est à la fin janvier et qui se termine toujours dans une course folle. Cette année, ayant accepté de faire plus de travail qu'à l'habitude, je ressens la pression encore plus tôt – et ma tension semble être aussi contagieuse qu'un rhume d'hiver. Lorsque je me sens pressée, surmenée et stressée, cette sensation se diffuse dans l'air autour de moi ; tout le monde est près d'éclater, tout comme moi.

Au même moment, Jack, cinq ans, fait face à ses propres défis, puisqu'il essaie de se débrouiller pour affronter ses premiers mois de maternelle. Sa vie est devenue plus compliquée, avec des jours d'école plus longs, plus d'attentes à combler, et un fossé qui se creuse entre lui et son frère aîné qui, soudain, préfère lire des livres derrière des portes fermées plutôt que de jouer à faire semblant. Une mère surchargée et un gamin tendu peuvent constituer une combinaison explosive, et je crains que nous n'en ayons tous deux fait les frais.

Cette année, alors que la course des Fêtes s'accélère, je m'inquiète à propos de mes échéanciers, je lutte contre le mal de gorge et je me sens accablée à la perspective de Noël qui approche. Par-dessus tout, je ne peux tout simplement pas supporter de songer aux cadeaux à acheter et à emballer. Ces jours-ci, je me prends plutôt à songer à tout ce que le temps peut nous offrir ; aux besoins de quiétude de notre famille au cœur des événements des Fêtes et de ce qu'on attend d'eux. Oui, je pourrais continuer à me battre contre le temps froid et les jours courts, tout en courant d'une corvée des Fêtes à l'autre. Ou bien je pourrais acquiescer à ce signal de la nature et accepter le fait que la terre m'invite à ralentir la cadence. Je pourrais choisir d'en faire moins à l'extérieur et de passer plus de temps recluse à la maison, nichée avec mes enfants dans un environnement constitué de chocolat chaud et de livres, de catalogues et de couvertures afghanes.

À l'instar de Thoreau, j'aime avoir «une large marge dans ma vie» – moins il y a de choses qui remplissent ma journée, mieux c'est. Assise, immobile, je suis capable d'apprécier ma vie simplement parce que je prends le temps de la vivre. Mais même quelques moments de silence doivent parfois être durement gagnés. Le désœuvrement, semble-t-il, est suspect ; nous sommes censés être toujours entre deux activités. Peut-être est-ce pourquoi je suis toujours reconnaissante face aux petites accalmies qui surviennent soudain même au milieu d'une journée tumultueuse. Ces fragments de temps, fortuits et bénis, nous permettent de nous absenter momentanément du monde extérieur, du moins pour quelques minutes. Par exemple, nous

arrivons dix minutes trop tôt pour une leçon de piano et, avant
d'entrer, les garçons se laissent tomber dans un amoncellement
de neige fraîche, battant des bras et des jambes pour tracer dans
la surface poudreuse une rangée d'anges échevelés. Ou alors on
nous avise que notre pédiatre a pris une heure de retard sur ses
rendez-vous de la journée et nous filons vers la voiture, nous nous
jetons sur la banquette arrière et nous nous racontons une histoire alors que la pluie tambourine sur le toit. Ou encore,
quelqu'un suggère que nous prenions de la tisane avant d'aller
nous coucher et nous nous réunissions tous autour de la table,
allumons une bougie et buvons notre tisane dans la pénombre.

Ayant récolté les fruits bénis de ces moments de grâce fortuits, j'apprends à laisser un peu d'espace en bordure de nos jours.
Il n'y a pas de paix à trouver dans notre culture. Alors, j'essaie
d'aménager les marges, de faire en sorte que les activités ne
soient pas trop densément inscrites au programme de chaque
journée. Certains jours semblent offrir leur propre qualité
d'espace et de facilité. D'autres jours, je dois virer à 180° au beau
milieu de la journée – reportant les courses à faire, annulant un
rendez-vous de mes enfants avec leurs amis, commandant de la
pizza pour souper, sautant une réunion en soirée – de manière à
empêcher mes enfants d'êtres happés par le courant d'une
journée et à les guider plutôt vers des eaux plus tranquilles.

Dans une société qui avalise l'activité, je crois que nous
ferions tous mieux de nous fier davantage à l'immobilité. Peu
importe que nous soyons très occupés, nous pouvons trouver du
sens et du renouveau dans ces moments qui sont à notre disposition. Nous pouvons nous retrouver à nouveau réunis de
manière intime, même à la fin d'un jour long et exténuant, si nous
avons la volonté d'être pleinement présents auprès de nos
enfants – de prendre le temps d'écouter leurs confidences et de
leur répondre du fond du cœur. Nous ne pouvons leur enseigner
la valeur d'une profonde respiration, d'une pause spirituelle, d'un

moment de repos que si nous prenons nous-mêmes le temps d'en saisir l'importance.

*L*orsque je m'immobilise de mon côté, lorsque je trace un cercle d'immobilité autour de moi, mes enfants sont attirés dans ce lieu de paix. Visiblement, ils relaxent, comme si mon grand calme les nourrissait. L'impact ne serait-ce que de quelques minutes d'attention silencieuse peut être profond, il peut changer l'esprit de toute une journée et restaurer l'équilibre d'un enfant en détresse comme celui d'une mère éreintée.

Nous pouvons nous asseoir côte à côte et dessiner, ou rassembler une pile de nos livres d'images favoris et les lire, modeler d'étranges créatures d'argile ou juste se blottir l'un contre l'autre sur le divan et écouter de la musique dans la nuit tombante. Ce sont des moments où mes enfants se révèlent à moi, où les conversations montent en spirales et partent au loin, depuis la réalité d'ici et de maintenant jusqu'au royaume de l'esprit et de l'imaginaire. Là, en ce lieu que Tennyson nomme «la limite paisible du monde», nous entrons en contact les uns avec les autres à un niveau spirituel très profond. Mes enfants savent quand ils ont toute mon attention et, chose encore plus importante, qu'il n'y a pas d'autres lieux où j'aimerais me trouver en ces moments-là.

*L*orsque j'ai fini de faire des cordons pour les moufles et que je les ai rangés dans le panier à couture, nous levons les yeux et nous voyons par la fenêtre voleter des flocons de neige. Jack brandit son très long bout de coton bleu. «Je suis en train de tricoter un cordon pour les moufles de Dieu», dit-il. Paix.

Dans l'immobilité, nous trouvons notre paix.
Connaissant la paix à la maison,
nous apportons la paix au monde.

LA QUIÉTUDE

I L Y A DE LA *MUSAK* à l'autre bout du fil où l'on m'a mise en attente, la ligne du télécopieur sonne et mon ordinateur me signale que j'ai du courrier. Les télés sont partout. Nos centres sportifs, les cabinets des médecins, les restaurants, les magasins, les supermarchés et les aéroports sont sonorisés. Si je m'aventure trop près de cette BMW garée dans le stationnement, une voix électronique m'avertit de garder mes distances. Les pompes à essence du libre-service me répondent. Chatouillez Elmo[1] et il rigolera – très fort. Furby[2] se met à parler au milieu de la nuit. Les catalogues pour enfants font la promotion d'enregistrements de berceuses, de contes sur cassettes et même de cassettes de méditation pour les tout petits. Au moment où j'écris ces mots, l'équipe d'entretien du gazon du voisin vient d'attaquer de front le terrain d'à côté, prenant d'assaut la pelouse – et mes sens – avec ses souffleuses à feuilles surpuissantes, ses grosses faucheuses et ses tondeuses industrielles.

---

[1] NDT. Personnage d'une série pour enfants dont on fait des jouets en peluche.
[2] NDT. Jouet pour enfant dont la particularité est de formuler des demandes quant à la nature des soins qu'on lui dispense et de susciter l'interaction.

Comment notre monde a-t-il pu devenir si bruyant ? Sommes-nous si accoutumés à l'incessant bruit de fond de notre vie quotidienne que nous avons oublié la forme et la texture du silence ? Même sous leur propre toit, plusieurs familles, de nos jours, sont divisées par le bourdonnement de l'ordinateur, par le bruit en boîte des téléviseurs se livrant une compétition, par des téléphones qui sonnent et par l'omniprésente musique de fond émanant des radios et lecteurs de disques compacts.

Pourtant, la plupart d'entre nous aiment le silence. Songez au silence qui enveloppe la maison juste après que les enfants se sont endormis ; à la quiétude d'un coucher de soleil sur la plage alors que vous n'avez que vos propres pensées pour vous tenir compagnie ; à la riche texture de l'immobilité d'une église ou d'une synagogue désertes. Malheureusement, toutefois, nous semblons avoir oublié la valeur du silence. Nos journées sont tellement remplies d'activité, de bruit et d'agitation que nous avons fini par assimiler le son à la vie. Petit à petit nous avons apporté nos haut-parleurs stéréo, nos téléphones et nos télés dans chaque pièce de la maison. Et comme le niveau des décibels grimpe facilement ! Lorsque des adultes et des enfants doivent entrer en compétition avec une bande sonore ne serait-ce que pour qu'on les entende, tout le monde finit par hurler – et le niveau de bruit grimpe encore plus haut. Une amie m'a avoué : « Je ne crois pas que mes enfants sachent même *comment* parler d'une voix normale ! » Il y a pourtant de l'intimité dans le chuchotement, des réserves de sens dans l'espace vide entre nos mots, de la substance dans la quiétude.

Le niveau de bruit de la vie moderne est certainement malsain pour les adultes, car lorsque chaque minute d'éveil est teintée de bruit, nous perdons contact avec notre corps et notre moi intérieur. Nous ne pouvons littéralement plus nous entendre penser. Toutefois, un milieu bruyant est encore plus insidieux pour les enfants. Les enfants sont facilement tirés de leurs pensées par tout ce qui se passe autour d'eux. De nos jours, plusieurs de nos enfants n'ont aucune expérience directe de ce qu'est le silence. Ils sont surstimulés à l'instar de leurs parents survoltés. Alors, il ne faut pas s'étonner de ce que les déficits d'attention soient à la hausse ou que nos enfants semblent si facilement distraits. Élevés avec une diète à base de bruit et de stimulation médiatique, plusieurs enfants ne savent tout bonnement pas comment on se sent lorsqu'on se tient en équilibre sur son propre centre silencieux.

*S*i nous comptons nourrir les autres, nous devons d'abord être nourris. Nous devons épouser la quiétude nous-mêmes avant de l'apporter à nos enfants. Je sais que j'ai besoin d'instants de silence chaque jour pour me recentrer sur moi-même. Et j'en suis venue à réaliser que mes enfants ont besoin de tels moments eux aussi, ils ont besoin de temps où ils seront présents à eux-mêmes. Du temps pour discerner et suivre leur propre rythme, du temps durant lequel créer leur propre musique. En fait, j'ai une amie qui fait rarement jouer des enregistrements de musique chez elle pour cette simple raison. « Si ma fille écoute des cassettes ou des disques compacts, explique-t-elle, cela veut dire qu'elle ne fait que recevoir quelque chose en elle plutôt que de générer quelque chose d'elle-même. Je préfère l'entendre chanter ses propres chansons. »

Je suis convaincue que la façon la plus simple et la plus efficace d'enrichir la vie familiale est de ramener la quiétude dans notre maison. Lorsque mon époux et moi avons fondé notre foyer, chaque matin à six heures trente son radio-réveil se faisait entendre, syntonisant un canal de nouvelles local. Durant la première semaine, je me suis réveillée au son du récit affreux et en direct du premier accident de voiture de la journée. J'ai fini par dire ce que j'en pensais. Il a été surpris d'apprendre que ces images me dérangeaient réellement ; j'étais étonnée qu'il ait choisi de se réveiller avec celles-ci. Nous avons alors fait un compromis en optant pour un canal de musique classique. À présent, une douzaine d'années plus tard, nous ne gardons pas même une horloge dans notre chambre à coucher, et encore moins une radio. Lorsque nous les avons réactivées, nos horloges intérieures sont devenues des chronomètres fiables. Ce n'est pas que j'aie gagné la bataille, c'est simplement que nous sommes tous deux devenus de plus en plus conscients des mots, des sons et des images que nous souhaitons faire entrer dans notre vie et que nous avons éliminé virtuellement tout ce que nous ne considérons pas valable.

Ce n'est pas à dire que nous vivons dans le silence complet, loin de là. Notre maison est remplie de musique et de rires et, oui, de bruit. Mais c'est le bruit que nous faisons ou choisissons nous-mêmes – et nous sommes très sélectifs ! Dans le cours de chaque jour il y a de longes plages de quiétude. Souvent, je cuisine, jardine, écris et lis en silence. Nos garçons dessinent, peignent, font des casse-tête et échafaudent des projets… en silence. Avant d'ouvrir automatiquement l'autoradio ou le lecteur de disques compacts, nous nous interrompons suffisamment longtemps pour réfléchir : voulons-nous troquer la quiétude pour le son ? Parfois, nous répondons oui, mais pas toujours. La semaine dernière, j'ai entonné une chanson de mon disque compact favori des Grateful Dead alors que je préparais un festin d'anniversaire pour mon époux ; aujourd'hui, avec l'accord tacite de tous, la quiétude de cette maison a été rompue par le son de nos propres voix. Je suis d'accord avec Madeleine L'Engle, qui dit : « Les deux sont nécessaires à notre plein développement : la joie de ressentir le son ; et la joie tout aussi grande de son absence. »

tre silencieux en une ère de bruit – bruit des machines, bruit de la publicité, bruit électronique, même du bruit essayant de passer pour de la musique – est l'affirmation d'une croyance en quelque chose de plus profond et de plus précieux : le vrai monde et le miracle de notre existence dans ce monde, minute après minute. Dans le silence, je deviens attentive. Je vois plus de choses : le trait de lumière traversant la table de la cuisine, les capucines chatoyant dans leur vase sur le bord de la fenêtre, l'expression confuse qui se peint sur la figure matinale de l'un de mes fils, l'entrée de l'autre qui montre qu'il est prêt à toute éventualité. J'entends plus de choses également : la brise soufflant de l'autre côté de la vitre, les œufs frétillant dans la poêle, un enfant chantant dans l'une des chambres de l'étage, le pas lent de l'autre sur la première marche. En fait, je suis pleinement à l'écoute de tous ces sons qui me disent qui nous sommes et ce dont nous avons besoin, où nous sommes allés et vers quoi nous nous dirigeons.

Si le bruit de la vie moderne s'est infiltré dans tous les recoins de votre maison, essayez de ménager un espace au silence.

- Prenez conscience de toutes les sortes de bruits auxquels vous permettez d'entrer dans votre vie. Commencez à éliminer tous ceux qui n'embellissent pas l'instant présent.

- Commencez et terminez chaque jour par un moment de silence dans toute votre maison.

- Protégez vos enfants des surdoses de bruit. Permettez-leur de grandir dans et par le silence.

- Évitez les jeux électroniques et les jouets qui parlent, font bip, ou produisent tout autre bruit. Les meilleurs effets sonores sont ceux que les enfants font eux-mêmes.

- Amorcez les repas avec des « bouchées silencieuses », soit quelques minutes permettant à chacun de se recentrer sur soi-même. Puis, goûtez chacun la compagnie des autres sans l'accompagnement de la télé ou du lecteur de disques compacts.

❧ Débranchez la bande sonore dans votre vie. Si votre famille a développé une accoutumance à la télévision ou à la musique en guise de bruit de fond, faites l'expérience d'intervalles de silence.

*D*ans son livre *Le soin de l'âme*, Thomas Moore observe que « l'un des symptômes communs de la vie moderne, c'est qu'il n'y a pas de temps réservé à la pensée, ni même de temps pour permettre aux impressions de la journée de s'imprégner en nous. Pourtant, ce n'est que lorsque le monde pénètre notre cœur qu'il peut être transformé en âme. Le bol dans lequel se confectionne la substance de notre âme est un récipient intérieur, que l'on dégage par la réflexion et l'émerveillement ».

*C*e matin, Jack s'est approché de moi avec une chanson. « J'y ai pensé alors que je regardais par la fenêtre de ma chambre », a-t-il expliqué. Puis, de manière tout à fait adorable, il s'est mis à chanter.

Je suis aussi haut qu'un avion
Je suis un nuage si haut
Aussi haut qu'un avion peut aller
Oh, je t'aime maintenant

Dans le silence, nous permettons au monde de pénétrer notre cœur. Nous pouvons apprendre à être silencieux avec les personnes que nous aimons le plus, en retissant nos liens sans l'aide des mots. Et nous pouvons syntoniser les sons sur lesquels nous souhaitons ajuster notre vie, les sons qui, au bout du compte, détermineront notre parfait sentiment de bien être. Pour moi, ces sons comprennent une variété infinie de chants d'oiseaux à l'aurore ; le claquement des bûches dans le poêle à bois ; la musique ondulante du carillon éolien du perron d'en arrière ; notre fils jouant du piano chaque matin après le déjeuner ; le gong démodé de notre voisin qui sonne le souper en se répercutant à travers notre cour arrière chaque soir à six heures… Tels sont les signaux sonores de mes jours, aussi splendides et aussi précieux à mes oreilles qu'une symphonie de Beethoven.

Lorsque nous cultivons une ambiance de calme et de repos dans notre maison, nous dégageons un espace propice à la réflexion et à l'émerveillement, à la contemplation et à la rêverie. Nos enfants sont exposés à d'incessantes commotions dans le monde qui existe au-delà de nos murs. Faisons en sorte que la maison soit le lieu où ils peuvent trouver la paix et la quié-tude dont ils ont besoin pour trouver un sens à toute chose. Un lieu, également, où nous pouvons nourrir nos vies intérieures sans se laisser distraire. L'âme parle à voix basse. Alors, je me fais la gardienne de nos moments de silence. La créativité s'épanouit dans de tels lieux ; là résident aussi la grâce et la paix.

Lorsque je dégage un espace de silence
pour ma famille, je fais de la place
pour que nos âmes puissent grandir.

La simplicité

EUX SEMAINES AVANT Pâques, je vais rendre visite à une amie dont les enfants sont du même âge que les miens. Lorsque j'arrive, elle est en train de ranger après un après-midi passé à colorier des œufs avec son fils et sa fille. Ce sont des chefs-d'œuvre du savoir-faire ukrainien, réalisés avec soin avec des outils spéciaux, de la teinture et de la cire. De plus, ils ont fait des œufs au pochoir, des œufs au lustre brillant et d'autres au fini marbré, le tout provenant de nécessaires de bricolage commandés par catalogue. Certains des œufs affichent des peintures de fleurs et de lapins. D'autres ont été évidés, teintés avec du colorant végétal et disposés dans un panier rempli d'herbe véritable plantée en pleine terre en mars de sorte qu'elle atteigne sa pleine maturité pour le week-end de Pâques.

Alors que les enfants partent jouer dehors, mon amie balaie le sol pour le débarrasser des brillants qui y sont tombés, passe une brosse sur la table et lave les minuscules pinceaux. Le fruit de leur travail est à couper le souffle et je pousse des oh ! et des ah ! à la vue de chaque œuf. Ils *sont* magnifiques. Cependant, confesse-t-elle en poussant un soupir, c'est elle qui les a faits pour la plupart. Le nécessaire à créer des œufs ukrainiens s'est révélé trop compliqué pour les enfants et les pochoirs étaient très difficiles à faire. Les enfants ont décoré quelques œufs de brillants, mais ils ont fini par se mettre de la colle plein les mains et ont vite fait de perdre de l'intérêt pour l'activité. « L'année prochaine, dit mon amie en riant, nous allons nous rabattre à nouveau sur le nécessaire de base à 2,99 $ de chez CVS[1]. »

Je pense à ces œufs de Pâques maintenant que je m'apprête à écrire quelque chose sur la simplicité. Si souvent, semble-t-il, c'est *nous* qui faisons de notre vie quelque chose de plus compliqué qu'elle n'a besoin de l'être. Nous mettons la barre trop haut, nous en prenons trop sur nos épaules et nous transformons de petites tâches en grosses corvées. C'est la culture qui est en partie à blâmer – lorsque chaque période des Fêtes approche, nous faisons face à l'étalage croissant de marchandises qui l'accompagne. Il y en a toujours plus à voir, toujours plus à faire, toujours plus à acheter que jamais. Et combien il est facile de se laisser prendre à penser que bien vivre, c'est prendre part à tout ce qui est offert. Avec tant de choix et d'occasions de choisir, il peut être hasardeux de simplement déterminer jusqu'où nous sommes prêts à aller.

Pourquoi vous limiter au colorant alimentaire et au vinaigre lorsque vous pouvez plutôt créer un trésor artistique ? Pourquoi vous arrêter au gâteau d'anniversaire et à la crème glacée lorsque vous pouvez louer un terrain de jeu intérieur et inviter toute la classe ? Pourquoi passer le samedi d'avant Noël à faire de la luge avec la famille lorsque vous pourriez tous aller à la fantaisie des Fêtes annuelle qui se tient au centre-ville ?

Pourquoi donc ? Il se trouve que les spécialistes en marketing de ce monde sont devenus très habiles pour ce qui est de penser

[1] NDT. Chaîne américaine de magasins à grande surface, comprenant une section pharmaceutique et une section commerciale.

à de nouvelles façons de créer le désir de biens et services et d'expériences qui n'existaient même pas pour la génération qui nous a précédés. Par conséquent, nous finissons par en offrir trop à nos enfants et par en prendre trop nous-mêmes.

Cela ne suffit plus, désormais, de se bricoler un costume d'Halloween à partir du coffre à déguisements, d'ajouter quelques touches complémentaires et de franchir la porte pour réclamer notre lot de friandises. Les costumes que l'on se procure maintenant au magasin sont plus élaborés, plus chers et plus macabres d'année en année. Il y a des décorations à acheter, des jeux de lumière à orchestrer devant la maison, des maisons hantées à visiter, et on en a pour une semaine d'activités de pré-Halloween auxquelles assister. L'automne dernier, notre petite voisine de six ans a mis et remis son costume tant de fois qu'elle a refusé de le revêtir à nouveau le soir de l'Halloween. Elle avait été une ballerine dans un défilé, à l'école et dans deux fêtes d'enfants. La nouveauté s'était émoussée.

Je connais un jeune garçon qui a piqué une colère à la fin d'une fête d'anniversaire très élaborée parce que son sac à surprises ne renfermait pas assez de choses. Lors d'une autre fête, les enfants se sont lancés les uns sur les autres à quatre pattes pour ramasser les bonbons répandus d'une piñata, pour ensuite protester parce qu'il n'y en avait pas assez. Durant les deux dernières années, mes garçons se sont rendus à des anniversaires où il y avait au programme des promenades en pony, une visite de Batman, des animaux sauvages, de l'escalade de rocher en salle, de la gymnastique et un appareil gonflable de simulation de saut dans l'espace, loué à l'heure. J'ai vu des gamins surexcités se décomposer et plus d'une mère épuisée pleurer dans la cuisine.

*Q*uel message nos propres excès envoient-ils à nos enfants ? Dans nos efforts pour créer des occasions spéciales à leur intention, perdons-nous de vue ce qui est vraiment important ? Ces productions élaborées n'empiètent-elles pas sur des festivités d'une nature plus simple et sincère, susceptibles d'enrichir véritablement nos vies et de faire la joie de nos enfants ?

Il y a quelques semaines, un conteur bien connu est venu dans notre ville. J'avais organisé notre sortie : Jack et un ami souperaient tôt à la maison, puis nous passerions une agréable soirée en ville à écouter des contes. Nous avons mangé à dix-sept heures trente et, après avoir enfilé nos bottes et nos imperméables, nous avons pris la route sous une pluie torrentielle. La salle de la bibliothèque était remplie d'enfants mouillés et turbulents, âgés de deux à treize ans – un public difficile même quand tout va bien. Mais il était dix-huit heures trente, les mères étaient exténuées et trempées, et les enfants énergiques s'amusaient bruyamment. J'espérais que notre célèbre conteur allait baisser la lumière fluorescente, réunir les enfants en un cercle et créer un silence dans la salle bondée. Mais l'ambiance, semble-t-il, était déjà installée, et le conteur est entré dans le même jeu, en déchaînant un torrent de voix, de bouffonneries et de mimiques dans un effort pour retenir l'attention du groupe éparpillé.

« Comment ça se fait que personne n'écoute ? a chuchoté Jack.

– Je crois que l'heure de mon dodo est passée », a confié Nick, âgé de quatre ans.

Et j'ai dû me demander « Mais que faisons-nous donc ici ? »

Bien sûr, cela est facile à dire avec du recul. Mais si j'avais réfléchi un peu plus à notre programme ce soir-là, j'aurais réalisé que ces deux petits n'avaient pas besoin d'une sortie pour vivre un moment particulier. Combien il aurait mieux valu pour nous de passer cette soirée orageuse à la maison, d'allumer un feu dans le foyer et d'inviter l'ami de Jack à souper, après quoi nous aurions savouré une histoire racontée au coin du feu dans notre propre salon. Encore une fois, il m'était rappelé : si je m'arrête assez longtemps pour écouter ma propre voix intérieure, plutôt que de répondre à un quelconque appel m'incitant à aller à tel endroit, à voir ceci et à faire cela, j'effectue de meilleurs choix pour nous tous.

Il faut beaucoup de conviction pour dire «C'est assez» – que ce soit assez de fêtes, assez d'invités, assez de présents, ou simplement assez d'activités prévues pour le prochain samedi. Et il est difficile d'avoir confiance en nos propres choix, en notre propre sens des limites, quand tout le monde autour de nous semble convaincu que plus il y en a et plus c'est gros, mieux c'est.

Mais j'apprends. Quand je me sens inquiète et que je me demande «Est-ce que je vais venir à bout de toute cette entreprise?» plutôt que d'attendre avec impatience une journée spéciale, je sais que c'est parce que j'ai laissé un événement devenir plus extravagant et ambitieux que nécessaire. Il y a une autre façon de faire les choses. Nous ne sommes pas obligés de faire chaque fois toute une histoire. Nous pouvons choisir la simplicité au lieu de tout compliquer. D'ailleurs, quel soulagement nous apporte la simplicité! Voici un point de départ :

☙ Réduisez l'ampleur des festivités. Concentrez-vous sur la famille, sur les traditions, sur les rituels significatifs et sur des activités simples. Donnez moins de cadeaux et prenez davantage le temps de les savourer. Une année, nous avons acheté des cadeaux de Noël pour une famille défavorisée et avons convenu de les payer en limitant nos propres présents à un seul par personne. Personne ne s'est senti frustré ; en fait, je crois que nous nous sommes tous sentis soulagés. Quand je demande à mes enfants ce qu'ils préfèrent lors de nos Noëls, leurs réponses me rappellent qu'il n'y a rien de mieux que la simplicité : la lecture de nos livres de Noël, le calendrier de l'Avent, les chants que nous entonnons tous les ans en cette période avec la famille voisine, la cloche qu'on illumine pour le réveillon…

☙ Lors des fêtes, mettez une limite aux activités. (Une seule chasse aux œufs de Pâques est bien suffisante !)

෧ Ne vous sentez pas coupable si vous sautez un événement auquel tous les autres participent. Vos enfants ont besoin de vous et de votre attention, et non pas d'activités supplémentaires. L'an dernier, nous ne sommes pas allés au barbecue et à la baignade de fin d'année organisés pour la classe de deuxième de Henry, tout simplement parce que nous avions plus besoin d'une journée tranquille en famille que d'une autre activité de fin d'année. Comme je le rappelle à mes enfants quand les invitations à des fêtes d'anniversaire commencent à s'empiler, « Vous n'êtes pas obligés de toujours y participer ». En nous voyant organiser raisonnablement nos propres vies, nos enfants vont apprendre à poser des limites eux aussi.

෧ Soulignez les anniversaires de manière à mettre en valeur les qualités que vous aimez chez vos enfants. Il n'y a pas lieu de faire une grande mise en scène ; offrez-leur plutôt des témoignages d'affection : un repas spécial, une sortie avec un ami, un rituel d'anniversaire qui se répète d'une année à l'autre. Mes fils ont chacun des bougies d'anniversaire qui les attendent sur la table au déjeuner ; pendant le repas du soir, chaque membre de la famille offre un vœu d'anniversaire pour l'année qui va suivre.

෧ Que ce soit lorsque vous décorez l'arbre de Noël, quand vous fabriquez des *latkes*[1] ou colorez des œufs de Pâques, rappelez-vous que, pour votre enfant, le processus est plus important que le résultat. Faites en sorte que le processus demeure simple, votre enfant ne l'appréciera que davantage.

෧ Posez des limites et respectez-les. À la maison, personne n'a le droit de porter son costume d'Halloween avant le soir de

---

[1] NDT. Galette de pomme de terre fabriquée selon la tradition juive.

l'Halloween. L'attente est parfois difficile pour les enfants, mais cela en vaut la peine. Leur hâte s'accroît peu à peu, et l'Halloween dure quelques heures plutôt qu'une semaine entière. Souhaitons-nous vraiment une semaine d'Halloween?

🕮 Vous n'avez rien à prouver à personne. Noël n'est pas une compétition, un *seder*[1] n'est pas un concours de cuisine, un anniversaire n'a pas besoin d'être un banquet, un repas de fête peut se dérouler à la bonne franquette.

🕮 Célébrez les petites occasions et les événements qui sortent de l'ordinaire. Une fois que l'on s'est enlevé la pression de faire les choses en grand, on trouve plus de raisons de célébrer les petits moments de la vie. Jack et moi avons déjà préparé un gâteau d'anniversaire pour Curious George[2]. Les anniversaires « de six mois » méritent bien d'être soulignés par un repas spécial. Les chaudes journées d'été appellent quant à elles de petites fêtes improvisées où coule la limonade. Pour les enfants, chaque journée peut donner lieu à une célébration ou à une cérémonie – le premier jour du printemps, la première neige, la pleine lune. Une chanson, un poème récité à voix haute, un rituel, une collation spéciale… un rien suffit pour créer une fête qui devient une affirmation de la vie et nous remet en contact avec l'ordre naturel des choses : les animaux, le vent, le ciel et la Terre.

*H*ier, nous avons coloré nous-mêmes nos œufs de Pâques. L'expérience de mon amie m'était allée droit au cœur,

[1] NDT. Repas faisant partie des cérémonies de la Pâque juive.
[2] NDT. Personnage conçu pour les enfants. Il s'agit d'un petit singe au tempérament aventurier.

alors j'ai choisi la simplicité. Cinq bols d'eau colorée. Il y avait suffisamment de magie là-dedans.

Dans la simplicité se trouve la liberté...
la liberté d'en faire moins
et d'y prendre plus de plaisir.

LA TÉLÉ

J'AVAIS ACCEPTÉ DE GARDER Jake, un petit garçon de notre voisinage, jusqu'à ce que sa mère revienne du travail. Après avoir joué dehors au jeu du chat pendant un moment, lui et Henry rentrèrent dans la maison pour aussitôt disparaître à l'étage. Au bout d'une heure environ, Henry se pointa en bas de l'escalier. «Maman, dit-il, Jake veut regarder un film et quand je lui ai dit que nous ne pouvions pas, et que chez nous on ne regardait même pas la télé, tu sais ce qu'il a dit? Il a dit : «Pas de télé? Mais comment est-ce que vous vivez?»
– Et qu'est-ce que tu lui as répondu? lui ai-je demandé.
– Eh bien, me dit Henry, je lui ai répondu que nous faisions seulement vivre.»

*I*l y a maintenant quatre ans, mon mari et moi avons convenu que, au lieu d'argumenter avec nos enfants sur le temps qu'ils pourraient passer devant la télé, nous allions tout simplement éteindre complètement le téléviseur. Depuis, il

nous est arrivé à quelques reprises de louer un vidéo et les enfants
ont regardé de temps en temps une émission chez leur grand-
mère, chez des parents ou chez des amis. Mais dans l'ensemble,
la télé ne fait absolument pas partie de notre vie. La question ne
s'est pas posée depuis si longtemps que personne d'entre nous
n'y pense. Peut-être cela explique-t-il pourquoi j'ai eu de la diffi-
culté à trouver la manière de commencer ce chapitre consacré à
la télévision et aux médias. Si ça se trouve, mes sentiments à ce
sujet se sont intensifiés. Mais la poussière s'est accumulée sur
notre télé depuis un bon moment déjà. Et celle-ci a perdu le pouvoir qu'elle pourrait exercer sur nous tous.

Ce soir, je suis donc sortie prendre une marche afin de
rassembler mes pensées. Jack m'a suivie à l'extérieur. Avant qu'il
aille au lit, nous sommes restés allongés l'un contre l'autre sur
la chaise longue pendant une demi-heure et nous avons observé
le vol des chauves-souris avec, en arrière-plan, le ciel qui
s'obscurcissait. Elles nous donnent le frisson, ces petites voisines
nocturnes, et c'est une sensation délicieuse que d'être là dehors
avec elles, à chuchoter comme des intrus dans notre propre cour
alors que les chauves-souris occupent la nuit. La noirceur nous
a finalement empêchés de discerner leur présence au-dessus de
nos têtes. Le ciel s'était peu à peu parsemé d'étoiles, et nous
avons fait des vœux. «Je souhaite être capable de voir tout ce
qu'il y a dans le monde entier», a dit Jack. «Le mont Everest,
et Madagascar, et l'Australie, et la Chine.

– Peut-être que tu verras ces endroits un jour, lui ai-je dit.

– C'est extraordinaire de penser que tous ces endroits
existent, a-t-il enchaîné, et qu'il y a des gens qui vivent là-bas
en ce moment, sous le même ciel et sous la même lune que nous.»

Nous sommes restés encore un moment allongés sur la chaise
longue, à considérer l'immensité de la vie, jusqu'à ce que la chair
de poule envahisse nos bras. Je suis rentrée mettre Jack au lit et
je suis ressortie. Tandis que je me promenais dans les rues du
voisinage, en conservant précieusement à l'esprit ces moments

tendres partagés avec mon fils, je me suis mise à compter les lumières bleutées qui vacillaient dans tous les salons devant lesquels je passais. Y avait-il une seule maison où la télé n'était pas allumée? Une maison dans laquelle les membres d'une famille prendraient simplement plaisir à être ensemble ou à s'imprégner des sons et des odeurs de cette soirée printanière? Je n'en ai vue aucune.

Nos vies sont une série de choix. Certains sont volontaires, d'autres sont automatiques. Mais lorsque nous commençons à vivre notre vie de façon plus consciente, en accordant plus d'attention aux détails, nous nous rendons de plus en plus compte du nombre de décisions que nous prenons au jour le jour – depuis ce que nous entassons dans notre panier d'épicerie jusqu'aux images que nous laissons entrer dans notre salon. Nous nous mettons à choisir des aliments qui favorisent la santé du corps et, au même titre, nous nous mettons à choisir des expériences sensorielles qui nourrissent l'âme. Sachant que la forme et l'ambiance que nous donnons à une journée ont un effet profond sur le sentiment de bien-être qu'ont nos enfants, nous commençons à prêter davantage attention à l'atmosphère de notre foyer. Nous faisons peut-être preuve de plus de délicatesse dans nos paroles et dans nos gestes, notre présence à notre environnement devient plus réfléchie. Le défi, bien sûr, est de choisir avec créativité, de manière à ce que les détails de notre vie soutiennent et nourrissent ce qu'il y a de mieux en nous.

Ce soir, alors que je rentrais chez moi après avoir fait le tour du pâté de maisons, je n'ai pu m'empêcher de ressentir un brin de tristesse et de découragement en pensant avec quelle facilité nous en sommes venus à accepter l'invasion des médias dans nos vies. Le monde dans lequel nous vivons est tel que nous le construisons, la somme de tous nos choix collectifs. Et cependant, il y a tellement de parents qui ne se sentent pas en mesure de faire les bons choix et qui ont l'impression que les médias ont un pouvoir d'attraction plus fort que le leur. Comment, chacun d'entre nous, pouvons-nous protéger nos enfants de l'implacable étalage de violence, de sexe, de bruit, d'humour déplacé et de publicité qui prend place dans un monde dirigé par les médias et déjà saturé de ce genre de sons et d'images ? Comment nos enfants résisteront-ils à une telle influence si nous n'arrivons pas nous-mêmes à y résister ? Comment se fait-il que, dans une société à l'intérieur de laquelle la plupart d'entre nous ont l'impression de manquer de temps, nous soyons prêts à léguer le temps dont nous disposons à notre téléviseur ? En cette nuit veloutée de chauves-souris, d'étoiles et de pommiers en fleur, la télé en a pris plusieurs au piège.

*I*l y a plusieurs années, la chroniqueuse Ellen Goodman a suggéré l'idée que les parents réfléchis sont devenus la véritable contre-culture dans notre société ; c'est-à-dire qu'ils vont à l'encontre des messages dominants de la culture en proposant des valeurs plus profondes, plus riches. Traditionnellement, les parents, les familles élargies et les communautés transmettaient leurs valeurs aux générations suivantes. Aujourd'hui, plusieurs enfants sont élevés par les médias. Les personnages des émissions télévisées leur disent quoi acheter, comment s'habiller, quoi manger, comment parler, ce à quoi aspirer, quoi aimer et quoi mépriser. Étant donné le pouvoir et l'omniprésence de la télé et des médias dans nos vies, il n'est pas étonnant qu'un si grand nombre de parents se sentent impuissants ou ont perdu confiance dans leur capacité de poser des limites et d'élever leurs propres enfants. Rejeter les valeurs dont les médias font la promotion requiert un effort énorme. Cela signifie qu'il nous faut construire un mur autour des jeunes enfants et les protéger, pendant un certain temps, des courants culturels dominants. Cela signifie qu'il nous faut éduquer le cœur et l'esprit de nos enfants en tenant les nôtres bien en éveil. Cela signifie que nous devons leur enseigner ce que *nous* aimons et ce à quoi *nous* tenons, en dégageant la voie pour qu'ils puissent eux-mêmes s'épanouir – sans l'influence des images et des messages contradictoires de la culture populaire.

Il n'est donc pas étonnant que la décision d'éteindre la télé ou de s'en débarrasser complètement puisse sembler être une mesure si radicale. Notre société est sous l'emprise des médias, elle est façonnée par ceux-ci, et nous en dépendons pour relaxer, pour nous distraire et même pour nous éduquer. Pour plusieurs d'entre nous, il est en effet difficile d'envisager la vie sans la télé ; Jake n'est pas le seul enfant dont la première réponse serait « Comment est-ce que vous *vivez* ? »

Et pourtant nous vivons. Je ne peux dire à personne de suivre notre exemple, je ne peux que vous exhorter à examiner la relation que votre famille entretient avec la télévision. Et je peux témoigner du fait que, sans elle, notre vie nous est apparue stimulante, intéressante et fort bien remplie. En fait, une fois que l'écran de la télé s'est éteint, le reste de notre vie s'est éclairé.

Après avoir choisi d'éliminer la télé de notre vie – pour découvrir que nous n'en étions que plus heureux –, il a été facile de décider que nous pouvions tout aussi bien nous passer des jeux vidéo ainsi que des jeux et autres divertissements électroniques. Il nous est arrivé de devoir rappeler à nos enfants que le monde est rempli d'autres bonnes choses que l'on peut faire, mais cela a été rare. Nos garçons ont découvert cela d'eux-mêmes. Ils n'en méprisent pas pour autant leurs amis qui disparaissent à l'intérieur de la maison dès la sortie de l'école pour jouer à Pokémon, ils ne souhaitent pas non plus pouvoir jouer eux aussi. Ils sont simplement peu intéressés. Ils ont d'autres choses à faire. Ils vivent.

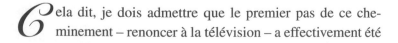

*C*ela dit, je dois admettre que le premier pas de ce cheminement – renoncer à la télévision – a effectivement été difficile au début. J'ai particulièrement détesté perdre la sacro-sainte heure d'écoute de la fin de l'après-midi, entre dix-sept et dix-huit heures, pendant laquelle mes enfants fatigués et bougons s'écrasaient avec plaisir devant le téléviseur tandis que leur mère fatiguée préparait et servait le repas du soir. Jack avait alors deux ans, l'âge auquel je devais le garder à l'œil s'il n'avait pas lui-même l'œil rivé sur le téléviseur. Ces premiers mois sans télé représentaient donc un défi. Il nous était facile à mon mari et à moi de renoncer nous-mêmes à la télé ; il nous était beaucoup plus difficile de perdre cette baby-sitter gratuite et toujours prête à s'occuper de nos enfants. Au début, j'ai dû mettre beaucoup d'énergie afin que nous réussissions tous à traverser la journée. Je préparais des collations, j'organisais de petits projets, puis j'essayais tant bien que mal de concilier ce que je faisais et ce que les garçons étaient en train de faire.

J'ai finalement résolu le problème que posait la période précédant le repas du soir en mettant Henry à contribution et en installant Jack dans l'évier de la cuisine. Nous avons trouvé notre voie. Henry pouvait dresser la table, il pouvait éplucher des légumes, trancher une banane, ajouter des noix dans une salade. Et Jack était ravi d'enlever ses vêtements et de s'asseoir dans un évier rempli d'eau chaude et mousseuse, à « laver la vais-selle ». Cela continuait d'être plus exigeant pour moi, mais j'ai aussi été rétribuée – des moments de bonheur en compagnie de mes enfants. Chaque journée que nous réussissions à traverser sans avoir recours à la télé était pour moi une victoire. Nous étions capables ! Et, avec le temps, les choses sont devenues plus faciles.

Jack a été promu de laveur de vaisselle à même l'évier à plieur de serviettes de table en chef. À cinq ans, il savait com-ment se servir d'un couteau tranchant et on pouvait lui confier la tâche d'éplucher et de couper un tas de patates. De temps en temps, pour les occuper, j'envoyais les deux garçons dehors afin qu'ils ramènent des trésors pour notre table – des fleurs et des branches devenaient un centre de table, des cailloux et des feuilles servaient à décorer chaque place. Quand ils ont été plus âgés, ils se sont mis à fabriquer des napperons, à rédiger des menus et à dresser la table. Notre collaboration aux préparatifs du souper a eu comme résultat que les deux garçons ont fini par en savoir long sur la composition d'un repas et sur la façon de procéder dans notre cuisine.

Ils sont maintenant occupés par leurs propres entreprises, et je suis libérée depuis longtemps de ma fonction de directrice des activités. Ils n'ont besoin d'aucune aide pour savoir quoi faire de leur peau. Ils me donnent encore parfois un coup de main pour préparer le repas, mais je me retrouve bien des soirs seule dans la cuisine, déjà nostalgique de ces années où j'avais deux petits assistants avides d'apprendre.

Quand je repense aux batailles que mes enfants et moi avions devant le téléviseur au sujet des émissions, de la fréquence, des différentes chaînes et des heures d'écoute – et au vague malaise que je ressentais en abandonnant mes jeunes enfants devant les images bruyantes et insistantes de la télévision –, je réalise que le sevrage complet était l'approche qui convenait à notre famille. Après un ajustement de quelques semaines, nous n'avons plus ressenti le manque. Et par la suite, nous n'avons plus pensé au passé.

Chez nous, la décision d'éliminer la télévision a dégagé un espace pour les choses qui nous paraissent vraiment importantes. Je ne crois pas exagérer en disant que la décision d'éteindre la télé a été notre geste le plus important en faveur de la créativité, le jeu imaginatif et la pensée autonome chez nos enfants. En outre, nous avons réalisé que tous nos liens s'étaient soudainement resserrés et que nous nous sentions davantage en contact avec nous-mêmes. D'une manière ou d'une autre, ce que nous en avons retiré dépasse de beaucoup ce que nous avons perdu. Nous avons découvert que l'absence de la télévision signifie :

❧ Plus de temps pour la musique. Quand Henry ne sait pas quoi faire, il s'installe au piano ou prend sa guitare pour passer le temps. Lui et son père pratiquent ensemble tous les jours. Je me suis mise à la flûte à bec, et Jack prend en charge la section rythmique. Nous passons plusieurs soirées à chanter et à jouer ensemble.

❧ Plus de temps pour la lecture. Nous lisons à voix haute, nous lisons chacun de notre côté, nous lisons pour le plaisir et pour apprendre. En fait, nous plongeons dans les livres comme si nous nous lancions à la poursuite d'un lapin qui nous entraîne dans un autre monde. Tous les membres de la famille ont en permanence un livre en cours.

❧ Plus de temps pour l'art. Il y a des heures pour le dessin, la peinture, le bricolage. Comme la musique, l'art fait tout simplement partie de la vie quotidienne.

❧ Plus de temps pour jouer.

❧ Plus de compassion. La télévision nous transforme tous en voyeurs blasés. Quand vous êtes bombardé de violence, de sexe et de catastrophes, vous ne pouvez vous empêcher de devenir insensible aux images qui vous inondent. Une fois que ce déluge d'informations sensorielles est éliminé de nos vies, nos propres sens semblent s'éveiller. Nos enfants ressentent la vie pleinement et profondément, ils en goûtent à la fois la beauté et la tristesse.

❧ Plus de temps à se consacrer les uns aux autres. L'absence de télé, cela a voulu dire que nous sommes devenus excellents dans l'art de nous divertir ; nous savons comment nous amuser par nous-mêmes, comment faire rire les autres.

❧ Plus de temps pour vivre. Nous passons nos journées à agir plutôt qu'à regarder ; à nous engager dans la réalité plutôt qu'à nous désengager du monde ; à créer nos propres images et nos propres histoires plutôt qu'à absorber des images et des histoires préfabriquées. Quand c'est le temps de relaxer, nous le faisons sans nous en remettre aux médias. Au lieu de cela, nous nous ouvrons au moment présent.

*Q*uand nous voyons notre foyer comme un sanctuaire en retrait du monde trépidant, la télévision nous apparaît de plus en plus comme une intruse peu recommandable, qui vide nos espaces quotidiens de leur vie et de leur sens, qui vole notre temps et dont notre âme devient la proie. En ce qui a trait à la télé, moins il y en a, mieux c'est. Ou, selon la formulation que m'a suggérée mon fils Henry : « Tu n'as qu'à dire que la télé vous remplit la tête avec les idées des autres, et ça veut dire qu'il reste moins de place pour vos propres idées. Aussi, c'est une perte de temps. » De sages paroles issues d'un produit de la contre-culture.

La télé s'éteint, et la vie commence.

LE JEU

SOUDAIN, LE quartier grouille d'activité au milieu de la journée. C'est le premier lundi de la première semaine des vacances d'été, le soleil brille et il y a dans l'air un vent de liberté. Les cinq enfants qui se sont rassemblés tôt ce matin dans notre cour viennent de terminer leurs bagels et leurs limonades dans le garage du voisin. Ils sont maintenant de retour et grimpent dans notre balançoire comme d'agiles petits singes. Les bas et les souliers sont répandus un peu partout – quoi de mieux pour bien sentir la boue épaisse sous ses pieds – et un jeu est en train de prendre forme, mettant à contribution un cône de circulation orange, deux balançoires et une branche d'arbre.

Ce matin, nous avons dessiné à la craie des murales dans l'allée, gonflé les pneus des bicyclettes et fait une promenade jusqu'au ruisseau. Mais nous sommes maintenant en retrait sur la véranda avec un livre, et les enfants sont laissés à eux-mêmes. Nous n'avons pas de projets – pour la journée, pour demain ou pour le reste de la semaine. Ce temps leur appartient.

En parlant avec les autres mères au cours des dernières semaines d'école, j'ai découvert que nous voyions toutes venir les vacances d'été avec le même mélange de hâte et d'effroi. Sachant que nos journées bien organisées allaient bientôt prendre fin, nous nous empressions de terminer les tâches en suspens, de réorganiser les horaires de travail, de planifier de façon serrée les activités récréatives et le gardiennage, et de mettre au point des projets de camping. Le monde tel que nous l'avions connu depuis septembre était sur le point de s'achever et nous faisions en sorte d'être prêtes. Maintenant, tandis que je regarde les enfants s'ébattre dans leur propre monde fait d'un été infini, je suis heureuse d'avoir pris ces quelques jours de congé et d'avoir résisté à la tentation d'engager notre temps cette semaine.

Une part tellement importante des structures que nous imposons à la vie de nos enfants a pour but de nous faciliter la vie. Nous ne voulons pas renoncer à *notre* liberté, et de ce fait nous n'accordons pas à nos enfants celle qui leur revient. Comme le savent toutes les mères, il est plus facile d'inscrire nos enfants à un camp sportif que de réussir à nous dégager pendant une semaine afin de leur permettre de se laisser guider par leurs propres inclinations à la maison. Mais les enfants ont besoin d'avoir du temps qui leur appartienne complètement – du temps pour s'installer dans leur propre vie, du temps pour rêver un après-midi entier, du temps pour jouer avec les voisins, du temps pour s'éveiller à leurs plaisirs propres. Surtout, ils ont besoin de moments pendant lesquels nous, les adultes, ne sommes pas là pour mener la barque.

Quand je pense à ma propre enfance, je me revois sortir dans la cour par un matin d'été, sentir l'herbe mouillée par la rosée et avoir devant moi la perspective d'une longue journée de liberté. Mes parents travaillaient ensemble dans un bureau attenant à la maison. Ils étaient disponibles en cas d'urgence et passaient l'heure du midi avec nous. Le reste du temps, nous étions laissés à nous-mêmes. Mon frère et moi connaissions les règles et les limites, et on s'attendait à ce que nous les respections. Nous ne les respections pas toujours, mais nous ne nous sommes jamais non plus attiré de graves ennuis. Après ma troisième année, je traversais une partie de la ville pour me rendre à mon cours de natation, et je rentrais ensuite à la maison. Le reste de la journée m'appartenait. Je nourrissais le lapin dans sa cage sous le pommier, puis je sautais sur ma balançoire, et je me balançais en chantant jusqu'à ce que les jambes me lâchent et que j'aie hurlé toutes les chansons de *My Fair Lady*. Je pouvais alors prendre ma bicyclette et me rendre avec quelques autres enfants du voisinage jusqu'au tas de terre qui se trouvait près de chez nous. Nous l'escaladions et sautions en bas tant que la chaleur de l'été ne devenait pas insupportable, puis nous nous dirigions vers le magasin de Dixie, où nous mettions nos dix cents en commun pour acheter des barres glacées à l'orange, et nous pédalions jusqu'à la maison, en tenant le guidon d'une seule main. Nous faisions des courses et des concours – qui s'élèverait le plus haut sur la balançoire, qui réussirait à sauter et à voler le plus loin. Nous dessinions des lignes dans la terre avec des bâtons et tenions le compte. Nous jouions au ballon coup de pied et au ballon chasseur, nous nous bagarrions avec les petits voisins, nous chantions des chansons osées. Une fois, nous avons volé une théière cabossée chez le brocanteur qui habitait à quelques rues et dont la cour était une véritable montagne d'objets alléchants et dangereux. Enfant, en été, j'errais dans le voisinage, je passais chaque semaine à travers une immense pile de livres empruntés à la bibliothèque, je plantais une tente dans la cour pour y dormir nuit après nuit, je construisais un fort dans les bois avec mon frère, où nous mâchouillions des morceaux d'écorce en faisant semblant d'être prisonniers…

Je n'ai pas grandi à la campagne ; j'ai grandi dans une ville typique de la Nouvelle-Angleterre, où l'idée ne venait à personne d'organiser les journées de ses enfants ou même de les surveiller de trop près quand ils n'étaient pas à l'école. Mon enfance apparaissait – à mes yeux alors et pendant plusieurs années – sans aucun fait saillant. Mais aujourd'hui, alors que j'élève moi-même des enfants, je considère que mon enfance a été en fait très riche, car je garde encore en mémoire ce sentiment de liberté et d'indépendance, ainsi que ces souvenirs de mes journées d'été alignées comme des perles sur un fil, chacune d'elles m'appartenant.

Aujourd'hui, mon mari et moi élevons nos enfants dans une jolie banlieue de la Nouvelle-Angleterre. Mais le paysage de l'enfance a changé de façon spectaculaire. Le nôtre est celui d'une culture axée sur le travail, qui se nourrit des anxiétés de familles dans lesquelles les deux parents travaillent. Nous surchargeons l'horaire de nos propres journées et nous maintenons aussi nos enfants sous le carcan du calendrier. Il y a les cours, les sports organisés et les activités récréatives ; les vidéos, les ordinateurs et les jeux électroniques pour remplir les heures libres. Trop souvent, il n'existe rien qui ressemble à une «pause», ou même qui laisserait aux enfants la possibilité d'éprouver de la satisfaction en se livrant à des activités ordinaires – brosser le chien, laver la voiture au tuyau d'arrosage, se rendre en ville pour s'offrir un cornet de crème glacée.

Peut-être que nous, adultes, avons perdu l'art de perdre notre temps, mais la plupart d'entre nous l'ont tout au moins maîtrisé quand ils étaient enfants. Nous savions ce que c'était que de s'ennuyer et de se trouver soi-même quelque chose à faire ; et nous avons découvert qu'il y avait de bons côtés à être parfois seul. Abandonnés à nos propres amusements, nous avons trouvé en nous des ressources dont nous ignorions l'existence. Nous avons appris, comme l'a écrit Wordsworth, à voir à travers « cet œil tourné vers l'intérieur, bonheur suprême de la solitude ». Il s'agit là de précieuses leçons – et je crains que nos enfants occupés, dont les amusements sont si bien organisés, n'aient jamais la chance de les apprendre. En étant programmées, l'invention et l'indépendance leur sont retirées.

Oui, à l'époque où nous vivons, il est difficile pour les parents de laisser les enfants libres pendant tout un été. Mais nous pouvons certainement nous débrouiller pour leur offrir une journée ou une semaine de temps à autre, pendant lesquelles nous, les adultes, nous nous retirons en arrière-plan, effaçons les horaires et leur permettons simplement d'*être*. Si nous planifions toutes leurs journées à leur place, comment apprendront-ils à naviguer à travers les bas-fonds inoccupés de leurs propres vies, et que dire de leur aptitude à rechercher ces eaux calmes pour s'y prélasser ?

Alors que s'étire ce lourd après-midi de juin, les enfants découvrent une sauterelle et se la passent de main en main. Ils négocient leurs tours sur la balançoire et s'imaginent, l'un après l'autre, dans la peau de survivants d'un naufrage ou d'astronautes fendant l'espace. Ils crient et chantent et chuchotent sans que nous puissions entendre ce qu'ils se disent à voix basse. Les blagues tout autant que les disputes qui les attisent leur appartiennent complètement – ils n'ont pas besoin de moi, et je ne m'en mêle pas. Après un moment, il devient évident qu'ils sont bien ensemble ; nul besoin pour cela de programme de la journée. Le sens du temps et de ce qui est important selon la perception d'un enfant n'a rien à voir avec le nôtre, et ces enfants ne sont pas pressés d'arriver où que ce soit. À leurs yeux, une journée sans horaire est une journée remplie de possibilités. Ils sont en vacances. Et tout d'un coup, alors que je lève les yeux de mon livre pour observer un cardinal faire une descente en piqué sur la pelouse, je réalise que je le suis, moi aussi.

Recette pour conserver les enfants

Ingrédients :

1 champ d'herbes hautes
plusieurs chiens et chiots (selon la disponibilité)
des cailloux et du sable
une demi-douzaine d'enfants ou plus
1 ruisseau

Préparation :

Verser les enfants et les chiens dans le champ et laissez-les se mélanger.
Verser le ruisseau sur les cailloux jusqu'à consistance légèrement mousseuse.
Quand les enfants sont bien bruns, calmez-les dans un bain chaud.
Une fois qu'ils sont secs, servez avec du lait et des biscuits en pain d'épice sortis du four.

Vieille recette familiale

LES JARDINS SECRETS

*L*ES MEILLEURS sont ceux que les enfants découvrent d'eux-mêmes, ceux qui sont imprégnés, dès le début, d'un sens de la propriété et du mystère ; des lieux où aucun adulte n'aurait jamais l'idée d'aller, ceux qui sont creusés en épousant la forme de petits corps et meublés par la nature et une imagination rampante. Enfant, j'en avais plusieurs. En effet, ces endroits secrets sont le véritable domaine de l'enfance, et je les retrouve aussi frais et vivants dans mon esprit que ma chambre de petite fille.

Il y avait la caverne aux parois qui éraflent, formée à l'angle de deux haies de conifères dans le coin de la cour de banlieue chez mes grands-parents. À l'intérieur, le sol était couvert d'un odorant tapis d'aiguilles de pin brunies ; au-dessus de moi, les pins densément garnis s'enchevêtraient, leurs branches tissées en une voûte impénétrable. Une fois à l'intérieur, j'étais à l'abri des regards, mais de petits trous me permettaient de voir toute la maison à travers cet écran – je pouvais distinguer ma grand-mère sur sa chaise longue, sur la véranda, en train de lire son *McCall's* et son *Family Circle*, et mon grand-père qui arrosait ses courgettes à seulement quelques pas de moi, sans se rendre compte, j'en étais certaine, que je l'observais. Comme il n'y avait pas beaucoup d'autres choses à voir, je passais des heures dans ce jardin secret à lire des livres secrets, que j'avais trouvés dans le grenier surchauffé de mes grands-parents et dépoussiérés, des reliques de l'enfance de ma mère : *Black Beauty*, *Eight Cousins* et *Heidi grandit*.

De retour chez moi, il y avait un remarquable endroit souterrain, une espèce de cellule en pierre accessible seulement en montant sur une chaise dans la cave et en se hissant jusqu'à une petite ouverture dans le mur, par laquelle il fallait passer. Comment mon frère et moi avons-nous découvert ce recoin au départ, je ne m'en souviens pas, mais son existence même – un bout de territoire ignoré entre les murs du garage et de la cave – était stupéfiante. Nous avons délogé les araignées et un peu de saleté avec un rouleau de serviettes de papier humides et nous avons élaboré de grands projets. Nous pourrions habiter cet endroit, sous la maison, et chaparder de la nourriture en haut pendant la nuit… Même si nous n'avons jamais réuni assez de courage pour dormir dans le trou, comme nous l'appelions, nous y avons entreposé de la nourriture – des sacs de Fritos et des canettes de Fresca subtilisées dans le réfrigérateur –, nous avons étendu un grand couvre-lit sur le sol poussiéreux et apporté deux oreillers en guise de meubles, ainsi qu'une lampe de poche en état de fonctionner. Il y avait même une fenêtre en haut de l'un des murs, et une partie du mystère reposait sur notre incapacité de comprendre, de l'extérieur de la maison, où se trouvait exactement cette fenêtre. Mais, à l'intérieur, elle laissait entrer un mince filet de lumière naturelle, qui rendait le trou tout à fait habitable pendant le jour. Un après-midi d'automne, j'ai cueilli une poignée de raisins Concord dans la treille abondante du voisin et je les ai apportés dans le trou, où je les ai alignés sur le haut appui de fenêtre en pierre, en espérant qu'ils deviennent des raisins secs. Un mois plus tard, il étaient à point, ridés, poussiéreux et brunis. Armée de courage, dans mon endroit secret sous la maison, je les ai mangés un à un et j'ai connu pour la première fois l'autosuffisance.

*C*et hiver, mes propres garçons ont pris possession d'un étroit corridor derrière les sapins en bordure de notre cour. Adossés à une vieille palissade marquant les limites de la propriété, ces arbres sont dans une zone abandonnée – en ce qui me concerne, la partie la plus sale et la moins attrayante de toute la cour. Quand je me sens paresseuse, j'y jette des pierres et des débris du jardin, en sachant que l'on ne reverra plus ces déchets. Mais c'est là, peut-être, que réside la beauté du lieu aux yeux des enfants, car ils ont trouvé plusieurs couches de trésors dans cet endroit secret. Un à un, mes outils de jardinage ont disparu, quelques-uns semble-t-il pour de bon. Les garçons ont dégagé là-bas un espace, et la cour est ensuite demeurée vide pendant des semaines – tous les enfants étaient derrière les arbres, à creuser. Ils ont trouvé des briques et des tessons de poterie, des ressorts et une tête de poupée cassée, un ballon de basket aplati et une vieille cuillère tordue, une laisse de chien et deux os qui ont donné lieu à d'interminables spéculations. Avec le temps, une hiérarchie s'est constituée dans les buissons ; des règles ont été adoptées au sujet de l'entreposage des trésors et de l'accès qui y serait accordé à chacun des enfants. Le site a fini par produire moins de découvertes, l'intérêt du voisinage a décliné et les enfants sont passés à autre chose. Mais encore maintenant, chacun de mes garçons se réfugie sur le « site des fouilles » quand il désire se retrouver seul. Il y a assez de place pour s'allonger, pour s'adosser à la clôture et se sentir enveloppé et bien dissimulé par les buissons environnants. Il y a un bâton pointu pour creuser et quantité de trésors à classifier et auxquels rêver.

Voilà qu'il y a environ une semaine, le mystère de cet endroit s'est une nouvelle fois confirmé. Les garçons s'amusaient sur les balançoires avec deux amis. Soudain, les branches des sapins se sont écartées derrière eux et une petite fille rousse en est sortie – une étrangère, m'ont-il rapporté plus tard, encore fébriles et les yeux tout grands d'émerveillement. «Qu'est-ce que vous faites?» a-t-elle demandé.

Mes fils m'ont confessé qu'ils avaient eu presque trop peur pour répondre; ils croyaient qu'elle pouvait être un fantôme, peut-être même la propriétaire de la poupée depuis longtemps abandonnée, revenue pour la récupérer. «Qui es-tu?» a fini par dire Jack. Mais la petite fille est restée silencieuse et s'est contentée de faire volte-face pour retourner parmi les arbres.

Le domaine de l'enfance est ainsi – des questions qui flottent dans l'air, sans le poids des réponses; des lieux cachés au-delà de l'univers, des compétences et de la compréhension des adultes. Tous les enfants ont besoin d'un tel endroit, d'un endroit qui suscite le développement de l'imagination et la possibilité d'une transformation. Un endroit qui soit à la fois un havre en retrait du monde adulte et une source de mystère et d'émerveillement, un endroit qu'un enfant peut découvrir, modeler et s'approprier, simplement en vertu de sa présence tranquille dans le lieu en question et par une profonde observation.

Notre paysage contemporain ne permet pas toujours l'existence de tels endroits. On demande aux personnes qui se chargent de l'entretien de ratisser tous les recoins, les tas de vieilles branches sont emportées au dépotoir, les haies sont bien taillées. À l'intérieur, les placards sont remplis d'objets – nos possessions occupent tous les espaces disponibles, encombrent nos maisons et embarrassent également notre imagination. Mais chaque cour, chaque maison dissimule sûrement un petit recoin que l'on peut laisser libre – une armoire sous un escalier, un espace en retrait au sous-sol, un bout de terre derrière le garage, des buissons en friche –, où l'on peut laisser un enfant s'installer confortablement avec un livre et un oreiller, ou creuser un trou dans la terre, ou laisser simplement aller sa fantaisie, en paix et en toute dignité.

Un enfant de la ville devrait avoir la liberté de découvrir et d'habiter ce genre d'endroit dans un parc à proximité de chez lui, un endroit qui n'est pas parfaitement entretenu ou même particulièrement attirant, peut-être, mais un endroit amplement favorable à la fantaisie et pouvant signifier quelque chose pour lui. Une amie de Manhattan s'émerveille devant l'ingéniosité avec laquelle son fils a réussi à créer un endroit secret dans leur exigu appartement urbain, en s'appropriant la tablette supérieure de son garde-robe et en la transformant en un confortable espace de lecture. Le petit voisin trouve refuge dans les branches les plus hautes d'un pin, où il apporte les choses dont il a besoin dans un sac à dos qu'il accroche à une branche. Sa mère retient son souffle, mais le laisse en paix.

En tant qu'adultes, nous meublons nos maisons, nous nettoyons impeccablement nos cours et nous cultivons nos jardins. Mais bien avant tout cela, nous nous dotons d'espaces secrets. La tasse, la cuillère, le livre, la truelle, la pomme bien luisante conservée pour plus tard… En choisissant ces endroits et les choses qui y sont destinées, nous apprenons qui nous sommes et ce que nous aimons. Nous en apprenons sur le pouvoir des lieux, sur la façon de prendre part aux subtilités et aux secrets du monde, au besoin humain d'avoir accès à des sanctuaires.

Les enfants tout comme nous, adultes,
ont besoin d'intimité.
Dans les jardins secrets de l'enfance, l'âme s'abreuve
profondément, se délasse et s'épanouit.

LES ENVIES ET LES BESOINS

C'ÉTAIT UN SAMEDI PLUVIEUX, faisant suite à une semaine de pluie, et il y avait peu de chances de sursis. Les enfants avaient joué entre eux toute la matinée ; mon mari et moi avions effectué les habituelles corvées et commissions du week-end ; nous faisions maintenant la vaisselle du repas du midi et, à l'idée du long après-midi qui nous attendait, nous nous sommes tous sentis en brouille avec cette journée humide. Finalement, les garçons ont décidé de colorier. Mais aussitôt que les crayons et les albums à colorier ont été sortis de l'armoire, Jack a décidé qu'il avait besoin d'un album neuf, qu'aucun humain n'aurait touché et qu'aucun Crayola capricieux n'aurait barbouillé. Et il le lui fallait sur-le-champ. En quelques minutes, nous étions engagés dans un grand débat. Il ne voyait aucune raison pour que je ne saute pas immédiatement dans la voiture, me rende en ville et lui achète un album à colorier. Était-ce trop demander ? Seulement un ou deux dollars ! Nous serions de retour à la maison en moins de dix minutes ! Si j'acceptais de faire cette petite chose pour lui, il serait heureux toute la journée ! Pourquoi étais-je si chiche ?

En fait, je sympathisais avec mon petit grognon. J'avais la bougeotte, moi aussi. Je pouvais facilement inventer quelques courses en ville, et faire un saut au magasin serait une distraction qui arriverait à point nommé. Je savais exactement comment il se sentait. Le fait est que, malgré tous mes efforts pour rester centrée et pour m'axer sur ce qui est vraiment important, il arrive que le monde remporte la victoire. Parfois, je me sens du côté des perdants dans un tir à la corde : d'un côté, le désir de vivre simplement, sans faire d'histoires ; de l'autre, l'appât des événements sociaux, des belles choses et des nouveaux endroits où aller.

Bien sûr, nos enfants ressentent de semblables désirs et impulsions – l'envie d'avoir ce nouveau jouet ou ces nouveaux souliers, une sortie avec le meilleur ami de la semaine, ces merveilleuses céréales de la septième allée… En tant que mères ayant une longue expérience de l'art de la supplication, des gémissements et du marchandage, nous savons choisir la riposte : « Tu peux avoir le bagel aux raisins et à la cannelle, mais pas la boîte de céréales Count Chocula… » Nous savons très bien que nos enfants ne sont pas encore capables de faire la différence entre leurs envies et leurs besoins. C'est pourquoi ils représentent une proie si facile pour la publicité : les enfants veulent ce qu'ils voient, et les médias offrent un message ininterrompu destiné à nous convaincre d'acheter, de posséder, d'acquérir.

Mais plusieurs d'entre nous sont tout aussi désorientées que nos enfants. Nous ne réussissons pas à distinguer les vrais besoins des envies, et nous mettons l'accent sur ce que nous n'avons pas plutôt que sur les abondants cadeaux qui nous appartiennent déjà. Quand nous sommes consommateurs, nous enseignons à nos enfants que consommer est une bonne chose. Quand nous essayons de résoudre les conflits ou d'acheter le bonheur en dépensant de l'argent, nous enseignons à nos enfants à chercher une réponse à l'extérieur d'eux-mêmes lorsqu'ils ressentent un besoin. Malheureusement, nous sommes nombreux à nous sentir tellement dépassés par la sollicitation des médias, tellement inondés de biens de consommation et tellement bousculés par le rythme et la complexité de nos vies, que nous perdons d'une fois à l'autre le sens de nos besoins propres et authentiques – sans parler de ceux de nos enfants.

En revanche, quand nous nous arrêtons assez longtemps pour rendre grâce à l'abondance de la vie quotidienne, quand nous nous sentons bien avec ce que nous avons ici et maintenant, nous enseignons à nos enfants une précieuse leçon : nous les aidons à accepter qu'ils ne peuvent avoir tout ce qu'ils veulent, et nous les rassurons sur le fait qu'ils *ont* tout ce dont ils ont besoin. C'est un concept que je dois sans cesse renforcer, à la fois dans mon propre esprit et dans la vie quotidienne avec mes enfants. Nous vivons dans une société de consommation qui gravite autour de la gratification immédiate. Le magasinage est devenu un loisir, nous dépensons de l'argent et achetons des choses dont nous n'avons pas vraiment besoin. Mais à moins que nous ne voulions que nos enfants perpétuent ce genre de matérialisme, nous devons leur montrer une autre voie. Et nous devons les amener à croire que leurs vrais besoins – d'amour, d'attention et d'acceptation – trouveront une réponse.

*J*e ne comprenais pas clairement et exactement ce dont Jack avait alors besoin, mais j'étais à peu près certaine qu'il ne s'agissait pas d'un album à colorier d'Hercule. Je savais aussi que, si je lui donnais ce qu'il voulait plutôt que de cerner son besoin, je sécherais peut-être ses larmes, mais ni lui ni moi ne nous en retrouverions mieux pour autant. Je ne pouvais me lancer dans un discours contre les méfaits de la consommation pour convaincre un enfant de cinq ans. Cependant, je pouvais prêcher par l'exemple. À ce moment précis, il me fallait créer quelque chose de positif pour nous deux, sans rien acheter. Il me fallait lui montrer que nous pouvions trouver la joie dans des choses simples et une satisfaction à être en compagnie l'un de l'autre. Au lieu d'aller au magasin, nous sommes donc revenus à l'armoire où, plus ou moins profanés et plus ou moins complétés, étaient empilés plusieurs albums à colorier accumulés au cours des ans. «Je vais te faire une surprise et trouver un dessin que tu pourras colorier, ai-je dit, et tu peux me faire une surprise en en choisissant un pour moi. Ensuite, nous allons les colorier ensemble.» Il savait que je n'allais pas changer d'idée. Mais il savait aussi que j'étais vraiment de son côté. Je lui ai donné un dinosaure hérissé, il m'a donné un chevalier avec son épée. Et nous nous sommes alors assis ensemble à colorier.

En ce moment, j'ai tout ce dont j'ai besoin.
Quand je rends grâce aux cadeaux de la vie
avec mes enfants,
je leur enseigne l'abondance
et je renforce leur confiance
dans le fait qu'ils trouveront une réponse
à leurs propres besoins.

LES HISTOIRES

*J*E ME SOUVIENS DU PREMIER SOIR où mes enfants m'ont considérée comme une conteuse. Mon mari, les garçons et moi-même rentrions en voiture un soir après un grand repas de Thanksgiving avec la parenté. Compagne de voyage bienveillante glissant à nos côtés tandis que nous nous dirigions vers le sud, la pleine lune, à l'est, semblait suspendue au-dessus de l'autoroute. Les enfants étaient trop repus – de l'excitation de la journée, du festin, de la rencontre avec différents membres de la famille, jeunes et vieux – pour s'installer à dormir sur le siège arrière. Et bientôt aux souvenirs adultes de fêtes passées se sont enchaînés des histoires à l'intention de nos fils, qui avaient alors environ trois et six ans. Mon mari leur a parlé de ces cailloux qu'il lançait, quand il avait autour de onze ans, en compagnie de son copain Frog, le propriétaire d'une bicyclette neuve. Frog s'était accidentellement trouvé dans la ligne de tir et avait reçu un caillou en plein front. « Il était couvert de sang et pouvait à peine se tenir debout », se rappelait mon mari, encore impressionné après toutes ces années par le courage de son ami. « Mais Frog était courageux, et c'était un vrai ami. Même avec

le front fendu, il m'a dit «Ça va. Rapporte seulement ma bicyclette à ma place, d'accord?» Il est ensuite rentré chez lui, puis
on l'a amené à l'hôpital et on lui a fait neuf points de suture sur
la tête.» Les garçons étaient captivés. «Raconte-nous encore des
histoires sanglantes!» ont-il renchéri, en bondissant de plaisir
sur leur siège.

J'en ai alors remis en racontant la fois où, après avoir fait
avancer mon cheval dans un nid de guêpe, j'avais été projetée au
sol et comment ensuite j'avais été attaquée et piquée à sept
endroits. Mon mari avait une bonne réserve d'histoires sanglantes
– des coups de hache accidentels dans des tibias, des morsures
de chien, des poulets abattus. Et j'ai continué à tenir mon bout,
moi aussi, avec l'histoire d'un plein bocal de poissons rouges
renversé sur une tête, celles de bras et de jambes cassés, celle d'un
cousin tombé à travers la glace, celle d'un arrière-grand-oncle
mort coincé sous la roue d'un tracteur, celle d'une rencontre
évitée de justesse avec un serpent.

Nous sommes arrivés chez nous trop tôt. En outre, nous
avions aiguisé un appétit apparemment insatiable pour des histoires. Après seulement quelques promenades en voiture, je me
suis trouvée dans l'embarras. Mes enfants voulaient des histoires.
Pas seulement des anecdotes sanglantes, mais de vraies histoires,
des histoires qu'ils pourraient goûter, sentir et voir, des histoires
qui stimuleraient leur imagination, les feraient rire ou trembler
de peur et les rassureraient quant au bien fondé de toute création.
Des histoires qui allaient très certainement bien au-delà de mes
propres souvenirs d'enfance. Et après avoir épuisé ma maigre
réserve d'incidents et d'aventures, je n'avais déjà plus d'histoires
à raconter.

«Tu n'as qu'à en inventer», insistaient-ils. C'est trop dur, me
disais-je en moi-même. En tant qu'éditrice, je connais les ingrédients d'une histoire – et j'étais plutôt convaincue de ne pas être
une conteuse. Le temps que je conçoive un début, un milieu et
une fin, que je trouve les personnages, la morale et l'intrigue, et

que je commence l'histoire, l'engouement pour les contes serait certainement passé.

À vrai dire, je n'avais pas l'aplomb nécessaire pour conter des histoires à mes enfants. J'avais l'impression que me faisaient défaut la spontanéité, l'imagination et la sagesse nécessaires pour inventer des histoires au pied levé, et j'étais sûre de ne pas avoir le temps de m'asseoir pour élaborer d'avance un récit complet. Par ailleurs, avec tous les magnifiques livres qui existent dans le monde, avec toutes ces histoires impérissables déjà à notre disposition, ne serait-il pas suffisant de leur en faire simplement la lecture ? Et pourtant, un genre de tradition était née pendant ce retour à la maison dans l'obscurité d'une fin d'automne, sous la pleine lune. Il semblait bien que nous avions atteint un nouvel univers d'intimité dans la voiture ce soir-là, et nous voulions tous être en mesure d'y retourner à volonté. La voie pour le faire, je le savais, passait par des histoires.

Plusieurs mois plus tard, je me suis inscrite à un cours de contes donné par une thérapeute et ancienne professeure de Waldorf appelée Nancy Mellon. Chacune de nous, s'est-il avéré, était là pour la même raison : nous voulions jeter des sorts, tisser des contes merveilleux, pour enchanter nos enfants avec des histoires. Malgré tout, aucune de nous ne se sentait en mesure de relever le défi. À la fin de notre première matinée ensemble, ma sage professeure m'avait déjà donné la clé dont j'avais besoin. «Il y a une conteuse à l'intérieur de chacune de nous, nous a-t-elle assurées, mais il nous faut peut-être la découvrir et l'éveiller en douceur.» Retracer cette conteuse s'est révélé être un processus où j'ai appris à voir le monde avec un regard neuf et à faire confiance à cette partie inconnue de moi-même habitée par des histoires.

Selon Nancy, notre première tâche comme conteuses est d'apprendre à bien écouter et à bien observer. Ainsi, à sa suggestion, je me suis mise à regarder le monde en tant que matériel brut pour des histoires. Soudain, la lune, les étoiles et même les gouttes de pluie glissant sur la vitre se sont imprégnées de vie. Quelque chose de profond en moi s'était éveillé. Conter des histoires, ai-je réalisé, n'était pas seulement une façon de rejoindre mes deux garçons, mais aussi d'atteindre un chemin me permettant de retrouver ma propre sagesse intuitive.

Les leçons que j'ai apprises en me joignant à ce groupe de femmes au cours de l'année qui a suivi touchaient autant la qualité du temps et notre besoin d'espaces tranquilles que les techniques du récit. Les vraies histoires prennent du temps. Elles requièrent en premier lieu que nous mettions de côté nos préoccupations pendant un moment et que nous nous ouvrions au moment présent. Nous devons dégager un espace pour les histoires, nous débarrasser de certains aspects encombrants de la vie, de manière à pouvoir écouter une voix intérieure avec une complète attention. Une chandelle peut aider à créer cet espace rituel ; la flamme suscite l'inspiration tout en rappelant à la conteuse et à l'auditeur la nature sacrée de ce travail. La conteuse intérieure est là, mais il lui faut de l'espace pour respirer.

Il y a longtemps, les parents racontaient des histoires aux enfants à la fois pour les amuser et pour leur enseigner la complexité du monde. Mais nous avons perdu l'art du conte en même temps que nous avons perdu cette espèce de temps sans limite passé avec nos enfants, ce temps de réflexion, d'interrogation et d'observation qui permet aux histoires d'émerger. Et pourtant, les histoires peuvent aider nos enfants à donner un sens à la vie, en particulier aux moments difficiles. Quand nous cultivons cette ambiance spéciale propice aux contes, quand nous parlons des vérités terrestres sous la forme d'une histoire, quand nous laissons s'exprimer la relation cachée entre le monde humain et celui de la nature, nous éveillons nos enfants aux liens qui existent entre tout ce qui vit. Et quand nous racontons une histoire d'une manière qui invite nos enfants à créer leurs propres images intérieures – inspirées peut-être des images des contes de fées, du folklore et de la mythologie –, nous les initions de première main à l'inconscient collectif que nous partageons tous et aux thèmes éternels de la vie et de la quête humaine.

Où nos enfants entendent-ils la plupart de leurs histoires aujourd'hui ? Plus souvent qu'autrement, ils reçoivent leurs histoires des médias, de grandes compagnies internationales qui doivent faire des profits et qui le font en nous «divertissant». Ces histoires commerciales produites en vue de la consommation de masse peuvent attirer l'attention de nos enfants, mais elles ne vont pas émouvoir leurs sens ou ouvrir leurs cœurs. Comparées aux trésors d'imagination que nous pouvons léguer à nos propres enfants, les histoires et les images même les mieux intentionnées que proposent la télévision, le cinéma et la publicité semblent bien vides. Comme Mary Pipher l'a si justement suggéré dans son livre *The Shelter of Each Other*, les histoires racontées par les médias «incitent les enfants à vouloir de bonnes choses au lieu de bonnes vies.»

Les histoires que nous pouvons raconter en tant que mères sont différentes. Elles sont une nourriture pour l'âme, et elles nous nourrissent, comme conteuses, autant qu'elles nourrissent nos auditeurs. Raconter une histoire est véritablement une façon de respirer un bon coup avec nos enfants. En prenant cette grande inspiration, en expirant, en nous mettant à la merci de quelque chose d'universel, nous permettons à nos propres voix de devenir les instruments de notre âme. Pour commencer, il nous suffit de créer un espace d'«écoute», de prêter l'oreille au monde qui nous entoure et de croire que la conteuse qui est en nous nous guidera. En observant les menus détails d'une saison, d'une journée, d'un moment, nous découvrons les ingrédients dont sont faites les histoires : une feuille qui volète au vent, un goéland qui vole plus haut que les autres, un vers qui a une tâche à exécuter, un chien voyageur, une pierre au passé particulier, un garçon qui ne veut jamais aller dormir…

Lorsque j'ai commencé à conter à mes enfants de petites histoires impromptues, j'ai réalisé que le monde était plein d'histoires qui se racontent d'elles-mêmes. Je pouvais rapporter ces histoires à mes fils sans savoir où menait l'intrigue ou même jusqu'où nous irions. Les histoires qui semblaient leur procurer la plus grande satisfaction étaient souvent les plus simples – celles-ci nous faisaient nous sentir vivants et nous faisaient participer ; elles nous alimentaient et nous rendaient heureux. Le truc, ai-je découvert, était de ne pas intellectualiser ou moraliser du tout. Mieux valait commencer simplement là où nous étions – un bruit dans le lointain, une fourmi à nos pieds, la douleur ou la peur d'un enfant, une pensée heureuse, un souvenir triste. L'histoire et moi finissions en quelque sorte par nous rencontrer, c'était du moins ce qu'il me semblait. Et mes enfants, simplement en m'écoutant, soutenaient mes efforts. Quand je parlais honnêtement, je savais qu'ils m'entendaient et accueillaient très profondément mes paroles. Ce n'était même pas l'action dramatique qui semblait donner vie aux histoires, c'étaient les détails – le reflet sombre de l'œil du renard, l'obsédante odeur de fumée dans l'air, la texture crépue de la longue barbe d'un gnome. Soudain, nous étions transportés. Et, à mesure que les contes ont fait partie de notre vie quotidienne, j'ai réalisé que, en réalité, j'avais le temps de raconter des histoires, tout comme nous trouvons tous le temps pour donner à nos enfants les choses dont ils ont vraiment besoin pour grandir et s'épanouir.

*A*u cours des dernières années, j'ai étendu un peu mon rayonnement. Une histoire racontée lors de la fête d'anniversaire de l'enfant d'une amie a su créer une ambiance de tranquillité très agréable avant l'apparition du gâteau et de la crème glacée. À l'Halloween, j'ai revêtu un chapeau et un costume de sorcière. Mon fils a rassemblé les enfants du voisinage avec une chanson sinistre qu'il avait enregistrée et nous nous somme réunis autour d'un petit feu. J'ai calmé ma nervosité et j'ai commencé l'histoire inquiétante que j'avais préparée. Pendant un moment, tremblante, j'ai cru que je n'y arriverais pas, que je ne pouvais pas démêler le fil de l'histoire, que je ne pouvais pas retenir l'attention de ce groupe impatient de commencer la ronde des maisons. Puis le déclic s'est produit. J'ai aperçu à travers les flammes une petite fille de huit ans déguisée en bonbon M&M bleu, et son regard était tellement sérieux et absorbé sous sa frange. La conteuse s'est mise à lui parler, puis l'histoire a défilé autour de nous, jetant son sort.

Les histoires d'anniversaire sont devenues une autre tradition spéciale. Elles requièrent du temps de préparation – du temps que je pourrais tout aussi bien passer à errer dans un centre commercial à la recherche du cadeau parfait. Au lieu de cela, je m'assois avec un crayon à la main et j'attends que surgisse l'histoire parfaite. Avoir à l'esprit l'image de l'enfant, trouver l'histoire qui convient à un moment particulier de sa vie et répéter cette histoire jusqu'à ce qu'elle prenne vie me semble être une manière merveilleuse de rendre hommage à une nouvelle année dans l'existence d'un enfant. J'ai adapté des histoires provenant d'autres sources et j'en ai aussi créées. Mais l'origine d'une histoire a beaucoup moins d'importance que la manière dont elle est présentée. C'est l'acte même de raconter qui nous ramène à nous-mêmes et nous transforme. Mes garçons ne se souviennent pas des cadeaux qu'ils ont déballés, mais ils se rappellent leurs histoires d'anniversaire, car ces cadeaux viennent du cœur.

Maintenant qu'ils sont plus vieux, mes fils se racontent entre eux des histoires et en racontent même à leurs amis. C'est un vrai divertissement, en particulier pour leurs parents qui tendent l'oreille. Dans notre famille, se conter des histoires est une partie précieuse et essentielle de la vie, et nous avons tous nos personnages de prédilection et nos épopées en cours de développement, sans compter les histoires courtes. Mon mari et Jack ont passé des mois, à l'heure du coucher, à poursuivre la saga de leurs trois bien-aimés mousquetaires : Sadie, un chat avec une queue mesurant un mile ; un poulet appelé Bill ; et Maurice, une souris ailée. Ces temps-ci, leurs histoires se déroulent souvent sur un terrain de base-ball et mettent en scène d'extraordinaires prouesses sur le monticule. (Il est difficile de dire lequel des deux y prend le plus plaisir, mais mon mari affirme que plus il s'amuse en racontant ces histoires, plus Jack se réjouit de l'écouter.) Lors des longs trajets en voiture, je poursuis les épisodes des aventures de deux frères vagabonds, Cliff et Mossy. Henry fait rire Jack aux larmes avec sa propre création, « le petit gars bizarre », qui se met incroyablement les pieds dans les plats et parle comme un péquenaud.

Quand nous racontons des histoires à nos enfants, nous retissons nos liens avec la nature, avec l'esprit du monde et avec notre propre sens de l'émerveillement – des liens trop souvent rompus par les excès de bruit et d'activité de notre culture. Les histoires racontées encore et encore au cours des ans au sein de notre famille font maintenant partie de nous, et leurs détails vivants et précis subsistent dans la mémoire de mes fils. Que nous nous retrouvions, n'importe où, avec dix minutes ou une heure à passer, nous pouvons recourir aux histoires. L'heure du conte est devenue un moment d'intimité familier que nous déployons autour de nous comme une cape. Plutôt que de lire une page imprimée, nous nous regardons dans les yeux. Nos sens sont exacerbés, et nous prenons alors conscience d'une autre présence parmi nous : celle du « conteur » ou de la « conteuse », qui a plus de pouvoir que nous tous, bien que ce soit nous-mêmes qui lui donnions vie. Tout cela est aussi magique pour moi que pour mes fils.

Raconter des histoires est encore un défi pour moi. Cet aspect de mon rôle de mère mobilise toutes mes facultés créatives, y compris la volonté de toucher la profondeur des choses, de visualiser des détails précis et d'être en même temps entièrement présente à mes enfants. Chaque fois que mon histoire semble se tarir, c'est uniquement, je le sais bien, parce que je n'ai pas prêté assez attention à ma vie. Donc, par égard pour moi autant que pour mes enfants, je m'arrête alors pour prendre une grande respiration et rapprocher mon regard.

Nous sommes en ce moment au début du mois d'août, et de temps à autre au cours des deux dernières nuits les grillons ont sorti leurs instruments miniatures et ont commencé une longue sonate qui annonce la venue de l'automne. Mais sous une pierre branlante en bas de l'escalier devant la maison, se trouve un petit grillon brun qui ne connaît pas la pièce ; en fait, il ne veut pas du tout que l'été prenne fin. « Peut-être », se dit-il en lui-même…

Quelque part au fond de moi, je transporte
toutes les histoires que j'ai déjà entendues,
toutes les histoires que j'ai déjà vécues,
toutes les histoires dont j'aurai jamais besoin.

LES TÊTE-À-TÊTE

CHEZ NOUS, CES JOURS-CI, l'heure du coucher survient plus tôt que d'habitude, du moins pour mon fils Henry et moi. Il en est au chapitre 12 de *Charlie et la chocolaterie*, et je suis en plein milieu d'*Une enfance américaine*, d'Annie Dillard. Plus vite avons-nous pris notre bain et brossé nos dents, plus vite nous sommes-nous glissés entre les draps frais, plus de temps il nous reste pour lire ensemble. La plupart du temps, le soir, tandis que mon mari et notre fils cadet se délectent de leur propre histoire avant de s'endormir, Henry et moi montons à l'étage avec nos tasses de tisane de menthe, secouons les oreillers, allumons le ventilateur et fermons la porte de la chambre à coucher. C'est un moment sacré pendant lequel il m'a tout à lui et qui compte pour nous deux parmi les instants marquants de la journée.

Cela ne durera sûrement pas éternellement ; quand l'école reprendra en septembre, sans doute aurons-nous adopté une nouvelle routine du coucher. Mais pour l'instant, c'est la façon que j'ai de passer du temps seule avec mon fils aîné, un rituel issu de notre amour commun pour la lecture et qui convient bien à un jeune corps fatigué à la fin d'une longue journée d'été.

Nous savons tous que les enfants ont besoin de moments privilégiés, en tête-à-tête avec leurs parents. Mais nous oublions parfois que nous, les parents, avons aussi besoin de nous retrouver seul à seul avec nos enfants. Et, malheureusement, quand le rythme de la vie s'accélère, les tête-à-tête sont souvent la première chose que l'on met de côté. Cependant, quand nous nous décidons à jongler un peu plus avec notre emploi du temps afin d'accorder un espace particulier à chaque enfant, nos efforts sont amplement récompensés.

Quand Henry était très jeune, il a souffert d'une série de problèmes physiques vagues et chroniques. En plus de nos interminables visites chez différents médecins, il subissait chaque semaine des heures de physiothérapie et d'ergothérapie qui nous obligeaient à nous déplacer d'un endroit à l'autre. Ces rendez-vous grugeaient d'énormes portions de mes journées, mais ils nous donnaient l'occasion, à mon tout jeune fils cadet et à moi, de passer du temps ensemble. Pendant que Henry suivait ses traitements, Jack et moi en profitions pour nous promener dans les environs. C'est ainsi que nous avons exploré une ferme. Pendant un an, nos visites hebdomadaires nous y ont fait rencontrer un cochon appelé Zig, un poulet unijambiste, des chevaux et une multitude de lapins habitant le même clapier. Un autre thérapeute avait son bureau sur la rue principale d'une ville voisine. Main dans la main, Jack et moi y avons effectué le même trajet chaque semaine, beau temps, mauvais temps, nous arrêtant toujours pour déguster une glace au chocolat chez Bailey's et contempler une maison de poupée victorienne dans la vitrine d'une agence immobilière. Ces explorations sont effacées depuis longtemps de la mémoire de Jack; même Henry se rappelle à peine ses visites hebdomadaires chez les thérapeutes. Mais ces souvenirs sont encore bien frais dans mon esprit : la bataille que je devais mener pour arriver à l'heure aux rendez-vous, trois fois

par semaine, en traînant un bambin ; mon inquiétude concernant
l'état de santé de Henry ; et, peut-être plus que tout, ces heures
de complicité passées avec Jack, ces îlots de temps dont nous
n'aurions pu jouir autrement pendant ces années difficiles et
accablantes.

À présent, quelques années plus tard, les moments en tête-
à-tête prennent différentes formes. Jack aime encore les promenades, et une randonnée dans la forêt avec un de ses parents est
l'idée qu'il se fait du paradis, une occasion pour lui d'échapper
à toutes les contraintes, de jouer, d'élaborer des scénarios et de
partager tout ce qui lui vient à l'esprit. Le jour où Henry a terminé la lecture de son premier livre sans illustrations, je lui ai
permis de quitter l'école à midi et je l'ai invité dans un restau-
rant italien afin de souligner ce passage important dans notre vie
à tous les deux. Certains soirs, après le repas, Henry et son père
font une promenade à bicyclette dans le voisinage. Jack et moi,
nous aimons nous asseoir dans la cour, la noirceur venue, pour
observer le clignotement des étoiles et les avions qui traversent
le ciel. L'hiver dernier, par un soir de tempête, Jack et son père
ont pris le train jusqu'en ville et ont pu avoir le musée des
sciences pour eux seuls jusqu'à la fermeture, tandis que près de
deux pieds de neige s'amoncelaient à l'extérieur. Voilà une aventure père-fils que ni l'un ni l'autre n'est près d'oublier. À la maison, Henry et moi avons allumé un feu, commandé une pizza et
fait un pique-nique sur le plancher du salon.

D'autres familles de notre connaissance ont leur propre
manière de jouir de moments parent-enfant privilégiés. Un père
amène son fils au supermarché chaque samedi matin ; ils font les
achats de la semaine et s'offrent un petit-déjeuner à *deux* sur une
terrasse. Une de mes amies a régulièrement des rendez-vous
« baignade » avec sa fille aînée à la piscine du Y ; elles s'attar-
dent ensuite dans le vestiaire, puis s'arrêtent prendre le thé et une
pâtisserie sur le chemin du retour. Une autre amie suit chaque
semaine un cours de dessin avec sa fille de onze ans. À la

naissance de son deuxième enfant, une femme de New York a trouvé un moyen d'aider son fils de quatre ans à s'adapter à cette nouvelle réalité : une heure tous les après-midi, elle confiait le bébé à une jeune gardienne pendant qu'elle et son aîné faisaient le tour de la ville en autobus. Ils partaient ainsi sans destination ; c'était pour eux l'occasion d'explorer, de se parler et, surtout, d'être seuls ensemble, loin du bébé. Une mère célibataire que je connais promène son chien tous les soirs en compagnie de son fils adolescent – pourvu qu'il fasse noir, semble-t-il, il est heureux de sortir avec elle, et ils peuvent se parler plus librement sous les étoiles qu'ils ne le feraient dans leur propre salon.

Ce qui rend tous ces interludes si particuliers, c'est le fait qu'ils nous forcent à ralentir, à modifier le rythme de nos vies quotidiennes pour s'accorder mutuellement du temps. Étant donné toutes nos autres obligations et la longue liste des choses à faire, il est nous est bien trop facile d'oublier les bonnes choses de la vie – notamment, combien nous aimons nos propres enfants en tant que personnes, combien nous nous plaisons en leur compagnie et à quel point il est important de s'amuser ensemble.

Nous, les mères, sommes parfois tellement accaparées par les soins à donner à nos enfants qu'il nous arrive de négliger leur besoin d'être considérés comme des individus, ayant des goûts, des tempéraments et des talents uniques. Mais le rôle d'une mère ne consiste pas seulement à s'occuper du bien-être physique de ses enfants. Nous devons aussi nous efforcer de répondre à leurs attentes plus profondes, en reconnaissant chez chacun un caractère et un destin qui lui est propre. Il nous revient, en tant que mères, de déceler ces qualités de l'âme, de les valoriser et de les protéger. Seules avec nos enfants, en tête-à-tête, nous avons la chance de les voir, de les entendre et de les accepter tels qu'ils sont vraiment, maintenant, dans l'instant présent. Nous ne les voyons pas en relation avec leurs frères et leurs sœurs, avec leurs amis ou leurs pères, ou comme un morceau d'un plus vaste casse-tête familial, mais comme des individus uniques, ayant chacun une destinée particulière à accomplir sur cette terre. Une telle reconnaissance est un besoin humain fondamental.

Quand nous reconnaissons ainsi nos enfants, nous les invitons aussi à nous voir plus intégralement, non seulement comme parent mais comme un autre être humain, un compagnon de voyage qui traverse la vie avec eux. La dynamique familiale fait place à la simple camaraderie. Je suis étonnée des questions que posent mes enfants quand nous sommes seuls ensemble, de leurs stupéfiantes confidences et de leur perception aiguisée du monde qui les entoure. J'ai alors l'impression de les voir m'offrir leurs vraies couleurs, pures et brillantes. Je ne vois pas seulement qui ils sont, mais aussi la personne qu'ils sont en train de devenir.

Le rôle d'une mère n'est pas seulement
de s'occuper de ses enfants ;
il consiste aussi à s'intéresser à eux,
en les reconnaissant chacun
comme des individus uniques
et en les aimant tels qu'ils sont.

RENDRE LES ARMES

TOUT N'EST PAS QUE DOUCEUR et clarté dans notre foyer. Jack, notre fils cadet, est lourdement armé. Cela a débuté avec une épée en bois, qu'il a repérée dans un petit magasin de jouets quand il avait trois ans, avant d'en faire une condition essentielle à son bonheur. Il n'allait pas avoir accès à la vraie vie, était-il convaincu, tant qu'il ne pourrait porter cette épée à sa hanche. Bien sûr, j'avais depuis longtemps fait connaître ma position par rapport aux fusils jouets : la tolérance zéro. Jusqu'alors, cela avait été facile, car Henry était un pacifiste-né. Il n'avait, et n'a toujours aucun intérêt pour les choses qui tranchent, écrasent, décochent, tirent, explosent ou éjectent. Nous nous étions naïvement attribué le mérite de son tempérament doux, en nous disant qu'un foyer paisible produit des enfants qui ont cette qualité.

Il a fallu Jack pour nous enseigner qu'il peut en être autrement. Quand il a commencé sa campagne pour obtenir l'épée, nous en étions encore à plusieurs mois de son quatrième anniversaire. Son père et moi lui avons expliqué que les garçons qui voulaient des épées devaient d'abord démontrer qu'ils étaient prêts à assumer une telle responsabilité. Il lui faudrait la mériter en cessant de frapper son frère. Tandis que Jack luttait pour contenir les impulsions qui lui faisaient pousser son frère et lui donner des coups, je vivais ma propre lutte intérieure. L'épée allait-elle être le premier pas qui nous entraînerait sur une pente glissante vers des armes moins acceptables ? Jack se contenterait-il d'être un prince courageux combattant des dragons imaginaires, ou se glisserait-il dans la peau de personnages plus sinistres ? Pouvais-je vraiment lui refuser la seule chose qu'il avait jamais désespérément désirée ?

Jack a fait la preuve qu'il était digne de cette épée, et son père et moi la lui avons dûment offerte à son anniversaire, accompagnée d'un strict avertissement : s'il advenait qu'une personne reçoive un coup de cette épée, celle-ci disparaîtrait pour toujours. L'épée est encore chez nous. Qui plus est, comme je le craignais, l'arsenal s'est même étendu au cours de l'année qui a suivi. Notre salle de jeu n'a pas tardé à devenir un dépôt contenant assez d'épées de pirate pour armer tout le voisinage, un arc et des flèches (fabriqués par Jack et son père avec des bâtons et de la corde), un javelot (un bâton et du ruban adhésif en toile), une carabine grandeur nature (faite d'un manche à balai, d'un bout de carton, d'un cintre et de rouleau de ruban d'emballage), une fronde (un bâton et un tube en caoutchouc), et plusieurs petits couteaux jouets. Nos enfants ont des coffres remplis de jeux de construction, de magnifiques matériaux de bricolage, et un placard plein de jeux de toutes sortes. Ils aiment bien toutes ces choses et jouent avec fréquemment. Mais dans le coin de la pièce, nous avons ce dépôt de munitions.

Je ne suis toujours pas sûre de ce que devrait être ma position. Mais à un moment donné, j'ai réalisé qu'en réprimandant constamment Jack à cause de son intérêt pour les armes jouets, et en lui en refusant l'accès, je rejetais aussi une partie de lui. Depuis le moment où il a commencé à s'asseoir sur mes genoux pour écouter des histoires, il a été attiré par le récit de conflits et s'est montré fasciné par les méchants. Dans une certaine mesure, il a dû sentir aussi ma désapprobation, car un jour, en se comparant à son frère, il m'a dit : «Je suis méchant, parce que j'aime les pirates et les fusils.» Il m'est alors apparu que je ne lui rendait aucunement service avec ma noble morale et qu'il nous fallait explorer une autre voie. J'ai dû aussi faire face au fait que plus j'insistais en affirmant que nous n'aurions aucune sorte d'armes jouets, plus Jack en devenait obsédé. Peut-être y avait-il là une leçon que je devais apprendre. Peut-être fallait-il que je rende les armes.

Exactement comme je le craignais, une fois que j'ai eu baissé la garde, les munitions se sont rapidement multipliées. Jack était aux anges, il passait son temps à dessiner et à colorier des fusils compliqués; il disparaissait avec son père pendant des heures dans le sous-sol pour bricoler, au milieu de bouts de corde et de morceaux de bois; son esprit semblait toujours occupé par la prochaine arme dont il aurait absolument besoin – un mousquet comme celui d'Adam, un fusil avec des projectiles en caoutchouc mousse comme celui du voisin, un lance-roquettes comme celui qu'il avait vu à une fête d'anniversaire. Il a fini par se convaincre qu'il lui fallait absolument un vrai pistolet à capsules. Mon frère – l'homme le plus gentil et le moins agressif que je connaisse, qui n'en a pas moins tiré quelques milliers de capsules pendant son enfance – n'était que trop heureux de répondre à sa demande.

Les pistolets à capsules qu'il a offert à Jack pour son cinquième anniversaire étaient ce qu'il y a de plus authentique : crosses en ivoire, canons métalliques et une chambre capable d'accueillir un bon vieux rouleau de cent capsules. Jack était excité. J'avais l'impression d'avoir échoué dans mon rôle de mère.

À mon grand étonnement, Jack n'avait aucune hâte de charger ses pistolets. Il les a trimbalés pendant un certain temps, revêtu d'un attirail de cow-boy. Il s'est entraîné au tir rapide en imitant le bruit de l'explosion. Cependant, il ne faisait jamais allusion aux capsules. Puis, quelques semaines plus tard, il est venu me retrouver dans la cuisine tandis que je préparais le repas du soir et m'a demandé si nous pouvions aller dehors pour tirer au pistolet. «Bien sûr», ai-je répondu. J'ai installé le rouleau de capsules et nous sommes sortis dans la cour. «Tu tires la première», a-t-il dit. J'ai tendu le bras et j'ai tiré. Le son a éclaté, et la spirale de fumée caractéristique s'est élevée dans l'air. J'ai voulu rendre le pistolet à Jack, mais il m'a fait signe que non.

«Essaie de le faire tourner, maman», a-t-il suggéré. Le doigt sur la gâchette, j'ai fait tournoyer le pistolet, puis je l'ai repris en main et j'ai tiré de nouveau, trois coups rapides. «Tu es plutôt une bonne tireuse, maman», a-t-il commenté, admiratif. Puis il a enchaîné : «Je n'aime pas vraiment l'odeur de cette fumée.» Il n'a pas voulu utiliser lui-même le pistolet, mais il m'a demandé de tirer encore quelques coups. Pendant un moment, la mère pacifiste d'aujourd'hui s'est retrouvée face-à-face avec la petite fille qui aimait elle aussi les combats déchaînés entre les cow-boys et les indiens. Bang! Bang! Bang! Satisfait, Jack a rengainé le pistolet, a mis sa main dans la mienne, et nous sommes rentrés pour souper.

*J*on Kabat-Zinn, un professeur de méditation dont les écrits portent sur l'art d'être des parents attentifs, suggère que nous voyions nos enfants comme des maîtres zen logés dans de petits corps, qui apparaissent dans nos vies afin d'ébranler toutes nos idées reçues. Ils sont nos meilleurs maîtres, dit-il, et ils réussiront par une voie ou par une autre à nous enseigner les leçons dont nous avons le plus besoin, aussi difficiles soient-elles. Je ne me sens toujours pas complètement à l'aise avec le fait d'avoir cédé et modifié ma position au sujet des armes jouets, et je ne suis pas certaine d'avoir pris la bonne décision. Mais j'ai l'intuition d'avoir fait davantage pour Jack et pour notre relation, à long terme, en me détendant un petit peu et en me rappelant comment je me sentais moi-même lorsque j'étais enfant. Mieux valait tirer quelques capsules par une frisquette soirée de décembre plutôt que de donner un conférence de plus sur la violence et les dangers des armes à feu. Mon fils est d'une nature pleine de douceur et il a un cœur tendre. Il fallait simplement que je croie en sa bonté innée… même si je devais en même temps lui accorder l'espace dont il avait besoin pour traverser, par le jeu, une important étape de son développement.

Depuis, la fascination de Jack à l'égard de toutes ces armes s'est considérablement atténuée. Il a fini par tirer lui-même des capsules avec ses pistolets, un mois ou deux plus tard, mais quand l'un de ceux-ci s'est brisé et s'est retrouvé dans la poubelle, il n'a pas paru peiné de le voir disparaître. Les épées de pirates n'ont pas été touchées depuis des mois et, ces temps-ci, il consacre son énergie créative à dessiner des flocons de neige colorés et à faire des lancers au panier. Nous sommes peut-être même encore plus près maintenant qu'il y a deux ans de vivre dans une zone complètement démilitarisée. Jack a évolué, et moi aussi.

*V*oici une chose que la maternité m'a enseignée : vivre selon mes valeurs ne signifie pas nécessairement demeurer rigide dans mes convictions au sujet de ce qui est « correct ». Parfois, les besoins de nos enfants ne coïncident pas tout à fait avec nos propres opinions. En cela réside un défi. Est-ce que j'essaie de contrôler tous les aspects de notre environnement familial ou est-ce que je permets aussi aux autres de contribuer à le façonner ? Est-ce que j'applique toujours les règles ou est-ce que je m'en écarte à l'occasion et fais confiance à mes enfants, en me disant qu'ils trouveront leur propre chemin ? L'abandon est toujours un acte de foi, et il n'est jamais facile de lâcher prise.

Il y a à peine quelques jours, j'ai écrit un passage au sujet de mes moments de lecture en compagnie de Henry et j'ai mentionné à quel point je tenais à ces instants tranquilles que nous partagions, par ces soirées d'été, avant d'aller dormir. Hier soir, Henry avait un «rendez-vous de lecture» avec son copain qui habite de l'autre côté de la rue. Il a pris un bain, enfilé son pyjama et, pieds nus et son livre sous le bras, s'est dirigé d'un pas léger chez son copain. Les deux garçons ont lu sur la véranda jusqu'à l'heure du coucher ; à son retour, Henry a annoncé : «Nous allons lire comme ça ensemble tous les soirs.» Adieu, anciens rituels ; bonjour, nouvelles habitudes… Et voilà une autre leçon en matière d'abandon.

Quand nous essayons de nous cramponner à une chose, quelle qu'elle soit, nous finissons par nous agripper au vide ; quand nous nous débattons pour posséder – une personne, un moment, une façon d'être ou de faire –, l'objet même de notre désir nous échappe. Il en est ainsi de mes rituels les plus précieux. Dès que je tente de les graver dans la pierre ou de les institutionnaliser de quelque manière, ils semblent se volatiliser sous mes yeux. Alors, plutôt que d'essayer de maintenir de force ma famille dans de vieux moules qui ne lui conviennent plus, je dois en inventer de nouveaux. Aussitôt qu'une chose n'arrive plus à fonctionner, il est temps de la laisser aller et de créer quelque chose de neuf. Ce genre de lâcher prise n'est pas non plus facile, mais cela est nécessaire si nous voulons continuer à nous épanouir ensemble en tant que famille.

Il existe un autre type d'abandon, qui implique la capacité de croire que nos enfants et notre partenaire peuvent à l'occasion se débrouiller sans nous. Pour certaines d'entre nous, ce lâcher prise est le plus difficile de tous – si une chose doit être faite, nous voulons qu'elle soit faite à notre manière. Mais notre propre désir de contrôle peut devenir une prison. Je connais une mère qui critiquait tellement la maladresse de son mari lorsqu'il prenait soin de leur nouveau-né qu'il a même cessé de tenter de l'aider, la privant donc d'un soutien dont elle avait grandement besoin et privant leur fils d'un lien avec son père dès son plus jeune âge. Une amie a refusé d'accorder à sa fille la permission de passer la nuit chez sa meilleure amie, parce qu'elle n'approuvait pas les habitudes alimentaires de cette famille ; elle voulait que sa fille mange *sa* nourriture. Une autre amie, dont le mari était souvent en voyage d'affaires, a refusé pendant des années de l'accompagner parce qu'elle ne voulait pas laisser les enfants seuls plus d'une journée ; finalement, son manque de flexibilité a failli leur coûter leur mariage.

Il est bon que nous, les mères, nous nous rappelions que, tout en étant irremplaçables, nous ne sommes pas indispensables. La vie va continuer sans nous – elle continuera seulement de façon différente. L'hiver dernier, mon mari a pris soin de nos fils tandis que je passais une semaine en Floride avec ma mère. Il les a amenés patiner tous les jours et ne leur a pas lavé la tête une seule fois ; ils ont mangé de la pizza, se sont couchés tard et ont laissé le chat boire dans leur bol de céréales au déjeuner. Ils se sont amusés, et moi aussi… mais j'ai dû d'abord lâcher prise.

*L*a leçon sans doute la plus exquise que j'ai reçue en matière d'abandon est survenue un jour où j'étais si grippée que je n'avais d'autre choix que de lâcher prise. Mon mari était au travail ; j'étais au lit avec de la fièvre et un terrible mal de gorge ; les garçons, alors âgés de cinq et huit ans, avaient une entière journée à remplir. Dehors, une pluie verglaçante figeait l'univers. J'ai fait un long somme et j'ai laissé les enfants à leurs propres occupations. À un moment donné, Henry et Jack sont venus me souffler à l'oreille qu'ils allaient préparer des biscuits pour moi. Même si les deux garçons m'avaient souvent aidée dans nos projets culinaires, ils n'avaient jamais été aux commandes dans la cuisine. Henry m'a rappelé qu'il était en mesure de lire une recette. Jack a ajouté qu'il ne demandait pas mieux que d'être le «deuxième chef». Et j'étais assez malade pour consentir à peu près à tout ce qui ne constituait pas un danger important pour l'un de nous.

J'ai rassemblé mes forces pour exiger d'eux trois promesses : ils ne se disputeraient pas, ils m'appelleraient pour sortir les biscuits du four et ils nettoieraient ensuite la cuisine. Ils ont aussitôt détalé, l'excitation était à son comble. Pendant l'heure qui a suivi, en prêtant l'oreille, je les ai entendus s'animer à l'étage inférieur, tenir de graves discussions et traîner des chaises sur le plancher. Une partie de moi ne pouvait croire que je permettais à mes deux petits garçons de régner en maîtres dans ma cuisine ; l'autre partie de moi priait pour que ce paisible interlude dure le plus longtemps possible.

Finalement, l'odeur de cuisson des biscuits s'est élevée jusqu'au deuxième étage. Je pouvais entendre l'équipe d'entretien se mettre à l'œuvre en bas. L'eau a coulé pendant un long moment. Ensuite, il y a eu l'aspirateur. Puis, la sonnerie a annoncé que l'heure était venue pour moi d'entreprendre ma grande descente vers… quoi exactement ? Quand je suis entrée dans la cuisine, j'ai aperçu mes garçons, des tabliers autour de la taille, les yeux brillants de fierté. Les choses n'étaient pas impeccables, mais leurs efforts en ce sens étaient partout apparents. Henry avait été contrecarré dans son entreprise de laver la vaisselle par des morceaux de pâte à biscuit restés collés dans le bol et ils n'avaient pas réussi à éliminer toutes les traces de farine, mais dans l'ensemble tout paraissait étonnamment bien. Ils avaient tassé tous leurs biscuits sur une seule plaque de cuisson et ont été ravis de découvrir que, en conséquence, ils avaient fait cuire un immense biscuit aux pépites de chocolat. De la magie ! J'ai mis cinq minutes à nettoyer les comptoirs et je suis remontée dans mon lit avec un petit morceau de biscuit.

Notre confiance mutuelle s'est approfondie ce jour-là. Les garçons arboraient avec fierté la confiance que j'avais mise en eux… on aurait dit de radieux chevaliers au milieu de la cuisine, manipulant les outils et le feu avec respect. En voyant ce dont ils étaient capables, j'ai dû les regarder sous un nouveau jour. En lâchant prise, je leur ai donné un espace où grandir, et c'est exactement ce qu'ils ont fait.

Ce soir, Henry ira lire avec son ami jusqu'à l'heure du coucher. Et j'ai promis à Jack que nous aurions un moment privilégié pendant lequel nous partagerions des histoires. On abandonne une chose, on en gagne une autre.

En lâchant prise, je dégage un espace dans lequel
quelque chose de nouveau peut se développer. Je me
fie à quelque chose qui me dépasse. Je fais confiance.

Post-scriptum

Il y a une suite à mon histoire au sujet de Jack et de ses pistolets à capsules. Un an après que j'aie écrit ces lignes, deux adolescents ont ouvert le feu sur leurs camarades de classe à Littleton, au Colorado. Dans les jours et les semaines qui ont suivi la fusillade, des parents et des éducateurs de partout dans le pays ont cherché des réponses à la question qui nous hantait tous : comment cela pouvait-il arriver ?

J'ai l'impression que plusieurs d'entre nous ressentent une ambivalence viscérale par rapport à la violence dans notre société. Nous dénonçons la violence dans nos discours, mais nous l'acceptons dans nos vies, sous la forme de jouets, de films, d'émissions de télévision, de personnages bagarreurs, de jeux électroniques. Soudain, cependant, avec la prise de conscience provoquée par ces meurtres commis par deux jeunes garçons, j'ai senti que je ne pouvais plus me permettre d'être ambivalente. Il ne m'était tout simplement plus possible de justifier à mes propres yeux la présence de fusils dans le coffre à jouets de mes enfants. Mais il a fallu que je sois assise à l'église, quelques dimanches plus tard, à écouter notre ministre se débattre pour trouver sa propre réponse à la tragédie de Littleton, pour trouver la volonté d'agir. « La façon la plus efficace de contrecarrer la violence endémique dans notre culture ne consistera pas en des actes héroïques et isolés de la part de quelques-uns (ce qui procure une satisfaction simpliste), disait-il, mais viendra d'une intervention cohérente, répétée et continue de la part de tous (ce qui est exigeant sur le plan personnel, mais finalement beaucoup plus héroïque). »

Comment, me suis-je demandé, pouvais-je faire ma part ? Bien sûr, j'avais déjà ma réponse. Je pouvais commencer par mon propre foyer, avec mes deux fils, en renouvelant mon propre engagement pacifiste. Jack avait maintenant six ans et demi, et je me suis dit qu'il était assez grand pour commencer à examiner ses propres choix et à prendre ses propres engagements. Peut-être était-il prêt à rendre lui aussi les armes. Nos fils n'avaient vu aucune des images de Littleton et n'étaient pas au courant de la fusillade. Le fait de n'avoir accès ni à la télévision ni aux autres médias leur a épargné les sinistres nouvelles qui saturent chaque jour nos ondes et nos journaux. Ce jour-là, durant l'après-midi, Jack et moi avons fait une promenade. En choisissant soigneusement mes mots, je lui ai expliqué pourquoi j'en étais venue à me sentir mal à l'aise avec notre planque d'armes jouets. Jack m'a écoutée attentivement, sans dire un mot. Quand je lui ai demandé s'il serait d'accord pour se débarrasser des fusils qui se trouvaient encore dans notre maison, il n'a pas hésité. Ils pouvaient disparaître. « Mais, a-t-il dit pensivement, j'aimerais juste conserver celui que papa et moi avons fabriqué avec un manche à balai et du carton. Nous avons travaillé tellement fort pour le faire, et il est vraiment spécial pour moi. Je ne jouerai jamais avec, je vais seulement le garder. »

Le lendemain, Jack lui-même a réuni les armes et en a rempli un sac à ordures. Puis, comme nous en avions convenu, nous avons fait un voyage spécial jusqu'au magasin de jouets pour acheter un yo-yo vraiment génial. Quand Jack a repéré l'étui conçu exprès pour porter le yo-yo à la taille, j'ai aussi accepté de le lui acheter.

C'est ainsi que Jack a appris une leçon en matière de lâcher prise et sur ce que cela signifie que de prendre position, même à petite échelle, en accord avec ce que l'on croit. J'ai été fière de nous deux ce jour-là. Nous avons planté une graine minuscule en faveur de la paix.

Respirer

DANS PLUSIEURS ANNÉES, quand je me rappellerai les soirées d'été de l'enfance de mes fils, je suis sûre que l'une des images récurrentes sera celle des deux garçons, au crépuscule, courant nu-pieds dans l'herbe, librement, autour de notre maison. Après chaque tour complet, ils s'arrêtent devant nous et posent notre main sur leur cœur qui bat très fort. Pour eux, le fonctionnement interne de leur propre corps constitue une source inépuisable de fascination et de mystère. Nous restons là ensemble, la main contre leur cœur, tandis que leur pouls revient lentement à la normale. Puis ils filent à nouveau, ils s'envolent, euphoriques, exprimant dans leur découverte de l'air, de la vitesse et de la force la joie de l'expérience physique.

Nous avons commencé ce rituel il y a quelques années, comme un moyen d'évacuer le surplus d'énergie avant d'aller au lit ; ce sont nos enfants qui l'ont transformé en une célébration de la vie, en un genre de rite sacré. Parfois ils enlèvent tous leurs vêtements et courent nus. Par une soirée de Pâques particulièrement chaude pour la saison, Jack s'est débarrassé de ses habits de fête, un vêtement à la fois, en tournant autour de la maison et en criant de joie, petit lutin passant comme une flèche devant nous sous une pâle lune printanière. Souvent, un enfant ou deux du voisinage viennent les rejoindre durant un moment ; ils courent alors côte à côte, dans des directions opposées, en faisant monter la pression. Chaque fois, cependant, nous devons témoigner du vrai miracle, soit leurs cœurs qui battent la chamade, manifestation de la vie et de l'énergie contenue dans leurs corps. Finalement, épuisés, les garçons se laissent tomber sur le sol, haletants, couverts de sueur et contents d'eux-mêmes.

Plusieurs adultes qui entreprennent une pratique spirituelle pour la première fois trouvent à prime abord étrange de se concentrer sur la respiration. On nous demande de libérer notre esprit de toutes les autres pensées et de prêter seulement attention à notre propre respiration, en inspirant et en expirant lentement et de manière consciente. Forme la plus simple de méditation, ce type de respiration peut être une manière efficace d'amorcer une harmonisation de notre corps, de nos pensées et de notre esprit. J'ai été étonnée de découvrir à quel point mes enfants réussissent facilement à se concentrer sur leur respiration… mais cela est peut-être dû au fait qu'ils sont encore tellement proches de leur corps et tellement disposés à s'abandonner à la pure sensation physique. Ils sont respectueusement émerveillés par les simples battements de leur cœur ; il est dès lors peu étonnant qu'ils paraissent aussi savoir intuitivement que leur respiration mérite la même attention.

Jack, qui a tendance à crier d'abord et à penser ensuite, est en train de faire un apprentissage : avant de réagir à une situation difficile, il prend dix longues et profondes inspirations avec moi. Nous nous tenons par la main et nous inspirons ainsi lentement, à l'unisson, en nous regardant droit dans les yeux. Habituellement, la douleur ou la colère ont disparu avant que nous ayons terminé. Souvent, quand je suis moi-même sur le point de m'emporter, je prends volontairement de lentes et profondes inspirations, afin que mes enfants puissent voir exactement ce que je fais. Ils savent alors que je suis fâchée, et ils savent aussi que je m'efforce ainsi de maîtriser ma colère.

Au fil des ans, j'ai essayé toutes sortes de solutions aux inévitables batailles entre frères, y compris les séparations forcées, les temps de repos, les étreintes et les baisers et, à l'occasion, le cri à pleins poumons. Respirer à l'unisson est ce qui fonctionne le mieux. À présent, avant d'écouter leurs versions respectives de l'histoire, avant que la discussion ne subisse une nouvelle escalade, avant d'intervenir de quelque manière pour calmer une dispute, je respire avec eux. Je m'agenouille et je prends un enfant dans chaque bras. Nous nous regardons dans les yeux, nous inspirons longuement, lentement et profondément, nous comptons jusqu'à dix ou jusqu'à vingt. Ce faisant, il semble que nous trouvions toujours dans nos cœurs un brin de patience, un petit quelque chose qui nous incite au pardon… et c'est le début du retour à l'harmonie.

*L*a respiration est vraiment l'essence de la vie, le lien entre notre corps et le monde qui nous entoure. Dans les traditions orientales, la respiration d'une personne est considérée comme le canal entre la vie humaine et l'énergie cosmique universelle.

Chaque fois que nous nous arrêtons pour respirer profondément avec nos enfants, nous affirmons leurs forces vitales et nous célébrons notre miraculeuse existence, ici et maintenant, sur la planète. Quand je dis à mes garçons « Prenons une profonde inspiration », je les guide vers un refuge sûr, vers un lieu où ils peuvent libérer leur peine et leur colère pour ensuite se recentrer.

Avec le temps et l'expérience, les enfants peuvent apprendre à recourir d'eux-mêmes à cette stratégie. Dans notre famille, celle-ci s'est révélée particulièrement précieuse comme moyen de recréer des relations affectueuses pendant les périodes de tension. Jack est encore sujet à des crises de colère, à des explosions qui l'effraient lui-même et qui ont aussi un effet sur nous tous. En m'assoyant avec lui dans sa chambre durant ces ouragans émotionnels, en les chassant avec lui, j'en suis venue à réaliser que la sensation qui lui fait le plus peur est de sentir qu'il perd le contrôle. Dans ces moments-là, il est à la merci de ses coups de vent émotionnels, battu, pilonné, écrasé par la tempête. À présent, quand il part à la dérive, je guette le moment où il me semble pouvoir revenir à lui-même… et alors nous respirons ensemble, en trouvant un rythme qui calme et apaise, qui rétablit le lien entre son âme et la mienne.

Tandis que nous retournons à nos activités de la journée, je me prends à me rappeler que, tout comme les plaisirs simples sont ceux qui procurent la plus grande satisfaction, les solutions simples se révèlent souvent les plus efficaces. Il y a cette ivresse incomparable que produit l'expérience de courir jusqu'à avoir l'impression que son cœur va éclater. Et il y a le réconfort que l'on ressent en retrouvant sa propre respiration quand tout semble sombre et incertain. Comme nos enfants assimilent facilement ces humbles leçons; comme cela nous prend du temps, à plusieurs d'entre nous, adultes, pour les réapprendre!

En inspirant je calme mon corps.
En expirant je souris.
En habitant le moment présent
Je sais que c'est un moment merveilleux.

– THICH NHAT HANH, *Being Peace*

La guérison

*M*ON FILS AÎNÉ se laisse abattre par une cuticule arrachée. Mon plus jeune s'effondre s'il reçoit un coup au tibia pendant une partie de soccer de fin d'après-midi dans la cour. La fille de neuf ans d'une amie se plaint toutes les nuits d'un mal de dos qui l'empêche de dormir. Soudain, les souliers qui semblaient aller très bien la veille deviennent un supplice. Les bosses et les bleus, les maux et les douleurs… ce sont là les irritations mineures et inévitables de l'enfance, aussi universelles que les cauchemars et les nez qui coulent. Nous sommes portées à serrer rapidement l'enfant dans nos bras en prononçant quelques paroles rassurantes, puis à passer à autre chose.

Mais parfois nos enfants attendent vraiment de nous davantage qu'une réponse superficielle, et c'est alors que nous devons non seulement prodiguer nos soins au genou éraflé, mais aussi répondre à un besoin intérieur. Ça ne sert à rien de dire à un enfant en sanglots que la douleur partira toute seule. Nous sommes des mères, après tout, et c'est notre travail que de *faire* quelque chose. C'est ainsi que j'ai créé le « panier à blessures », un coffre au trésor rempli de lotions magiques, de potions et de pansements. Le panier en osier, rangé tout en haut d'une étagère dans la salle de bain, implique un rituel – il signifie que l'on prendra le temps de soulager la douleur, que cela me tient à cœur, que je ferai de mon mieux pour procurer un réconfort. Le contenu du panier varie avec les saisons ; des pastilles pour la gorge en hiver, un « antidémangeaisons » pour les piqûres d'insectes en été… Mais en général nous ne manquons jamais de lotion à la menthe poivrée pour les pieds, de gel d'arnica, d'hamamélis, de lotion à la calamine (la spectaculaire couleur rosée est la diversion la plus efficace contre les vilaines démangeaisons et la tentation de se gratter), des onguents Weleda et Betadine pour les coupures, un tube de Ben-Gay pour les douleurs et les maux mystérieux, de l'aloès pour les brûlures, d'un assortiment vraiment impressionnant de pansements Band-Aids – des Band-Aids qui luisent-à-la-noirceur, des Band-Aids tatouages, des Band-Aids animaux, des Band-Aids aux visages souriants ou féroces, aux couleurs fluorescentes, au motif zébré. Pour un adulte, un pansement Band-Aids peut bien n'être qu'une petite bande de plastique adhésive ; mais pour un enfant, il s'agit d'une insigne honorifique, investie de propriétés magiques de guérison. Soyez reconnaissante, et faites-en des provisions.

Quand, vingt minutes avant le souper, mon fils fond en larmes pour un coup au tibia qui n'aurait même pas arrêté ses activités à neuf heures le matin, je sais comment il se sent – fatigué, affamé, grognon, à l'affût d'un quelconque accident. Il est inutile, alors, d'examiner la peau saine et intacte et de lui déclarer que « ce n'est rien ». Il a besoin qu'on s'occupe de lui. Je le soulève et le ramène à la maison, je l'installe sur le comptoir et j'applique un linge frais et humide sur sa jambe. Je la sèche en le tapotant doucement. J'applique un petit peu de gel d'arnica sur la plaie et je le fais pénétrer. J'ajoute un pansement Band-Aids, qu'il choisit avec soin. Puis, un gant de toilette sur son visage sillonné de larmes, une gorgée d'eau, une étreinte et un bisou… Les cinq minutes passées à prendre soin de lui auront valu la peine, car après il est fortifié, il retrouve sa vigueur et est en mesure d'attendre que le souper soit sur la table. Sa jambe, bien sûr, n'avait rien ; c'était son âme qui avait besoin qu'on s'occupe de sa guérison.

Quand nous prodiguons des soins à nos enfants avec amour, nous leur enseignons à se préoccuper des autres en retour. Par notre propre exemple, affectueusement, nous leur montrons le chemin de la guérison, nous ouvrons leur cœur aux besoins des gens qui les entourent. J'en ai fait l'expérience la dernière veille de Noël, quand Jack, dans un moment d'exubérance et d'inattention, a sauté et m'a frappé la bouche avec le dessus de sa tête, me laissant avec une lèvre fendue qui s'est mise à saigner et à enfler jusqu'au double de sa grosseur normale. Les yeux remplis de larmes de remords, Jack m'a apporté des glaçons du congélateur, qu'il avait enveloppés dans un linge doux, et un verre d'eau. Pendant tout le reste de la soirée, il est resté assis sur mes genoux, à me donner des baisers sur la joue et à me tenir la main, non seulement en assumant la responsabilité de ma blessure, mais en faisant aussi tout en son pouvoir pour me réconforter. J'avais une lèvre enflée, mais j'avais aussi tout l'amour que je pouvais désirer, et je suis allée me coucher ce soir-là en me sentant reconnaissante de ce premier cadeau de Noël – le contact délicat et le cœur généreux de mon fils de cinq ans.

Un jour viendra, bien sûr, où nos petites attentions ne suffiront plus à soulager les maux de nos enfants, mais en attendant, nous pouvons remplir leurs réserves émotionnelles de provisions d'amour et de tendresse qui leur seront précieuses dans l'avenir.

Quand je réconforte mes enfants avec amour et attention,
je leur enseigne la compassion.

L'ÉCOUTE

*P*OUR ÉCOUTER, nous devons d'abord garder le silence. Je peux dire à mes enfants de se taire et espérer leur collaboration, ou je peux les inviter à écouter… en sachant qu'ils seront ravis de capter la musique de l'univers. J'ai déjà vu une classe de trente élèves de la deuxième année du primaire marcher dans la forêt dans un silence collectif, chacun étant à l'écoute du vent dans les feuilles et du bruissement des aiguilles sous leurs pieds. L'autre jour, Jack et moi sommes restés complètement immobiles sur le gazon derrière la maison, afin d'essayer d'entendre les feuilles d'automne tomber.

Dans le monde bruyant où nous vivons, il y a des moments où la seule manière de se faire entendre est de crier au-dessus du vacarme. Nous crions pour obtenir l'attention, une voix s'élevant au-dessus de la multitude, et nous espérons que nos enfants nous entendent. Les enfants eux-mêmes revendiquent bruyamment, criaillent, hurlent – ce sont des créatures exubérantes, qui s'expriment de façon sonore et énergique. Mais à l'intérieur de chaque enfant, il y a aussi une capacité d'écoute innée qui mérite d'être respectée et encouragée.

Les simples mots « il était une fois » ont encore un pouvoir d'envoûtement et attirent les enfants dans l'intimité silencieuse qui se crée à l'heure de conter des histoires. Nous devons parfois écouter si nous voulons discerner la vérité d'un moment. Ou nous pouvons choisir de retenir notre langue afin d'écouter le point de vue d'une autre personne, plutôt que de nous mettre en colère. Nous pouvons simplement rester là, à attendre et à écouter ce que celle-ci a à dire, quel que soit le contenu.

Nous avons certainement tous fait des efforts pour entendre la voix de notre propre intuition – un faible murmure très facile à couvrir. Donc, si nous voulons discerner les signaux que nous envoie notre âme, nous réalisons que nous avons besoin d'un espace tranquille où l'écouter. La nécessité de trouver le chemin menant à ce calme espace d'écoute fait partie de plusieurs traditions spirituelles – nous pouvons le rechercher par la prière, par la méditation ou par la communion avec la nature. Et il se peut bien que nous découvrions qu'il faut beaucoup de courage et de détermination pour écouter et attendre que la vérité émerge. Comme le savent toutes les personnes qui ont déjà pratiqué la méditation, c'est un vrai défi que de seulement ralentir assez longtemps pour entendre sa propre respiration. Écouter implique de faire le choix – maintenant, juste un instant – de s'arrêter net. Arrêter de bouger, arrêter de parler, arrêter de faire du bruit. Comme l'a dit Madeleine L'Engle : « Quand je suis toujours en train de courir, je n'ai pas le temps d'être. Quand on n'a pas le temps d'être, on n'a pas le temps d'écouter. »

*N*ous donnons à nos enfants un merveilleux cadeau quand nous les aidons à se mettre à l'écoute des sons assourdis de la terre et du ciel, de l'âme et de l'esprit. Il s'agit d'une leçon réjouissante, que l'on offre comme un jeu, même quand ils apprennent la discipline de l'écoute. Il ne nous reste plus qu'à les conduire au cœur de la tranquillité et à leur permettre d'ouvrir grand leurs oreilles.

Un ami qui médite tous les jours laisse son enfant poser sa tête sur ses genoux et écouter sa respiration, incorporant ainsi la présence de la petite dans ses exercices. (Mes propres garçons aiment poser leur tête sur le ventre de leur père – les incroyables gargouillis de son système digestif sont une source perpétuelle de plaisir et d'émerveillement.) Parfois, je fais sonner une cloche et j'en écoute la résonance avec mes enfants jusqu'à ce que les dernières ondes sonores se perdent dans le néant. Nous avons aussi notre coquillage préféré, qui nous permet d'entendre l'éternelle musique de la mer. Écouter n'exige rien de particulier ; ce qui est extraordinaire, c'est qu'on peut s'y adonner n'importe où, n'importe quand.

Trouvez un endroit sec où vous asseoir avec votre enfant par une journée d'hiver ensoleillée et écoutez fondre la neige – vous serez tous les deux étonnés par la subtile symphonie des sons. Assoyez-vous ensemble dans la voiture et, avant de démarrer le moteur, écoutez la pluie tomber sur le toit. Demandez à vos enfants d'écouter le monde autour d'eux pendant deux ou trois minutes… puis comparez les impressions de chacun. Écoutez le ronronnement d'un chat et remarquez toutes les variations dans le rythme et la tonalité. Écoutez le bruit d'un avion qui traverse le ciel au-dessus de vous, jusqu'à ce qu'il disparaisse et, finalement, ne soit plus audible. Écoutez l'abeille qui butine. Nous pouvons tous trouver un moment d'écoute quotidien, un moment où nous approchons nos enfants de nous, où nous prêtons l'oreille pour nous abandonner aux plaisirs des sons du monde où nous vivons, où que nous soyons.

Les soirs d'été, quand les fenêtres du deuxième étage sont grandes ouvertes et que l'heure du coucher des enfants arrive avant l'obscurité complète, nous éteignons souvent la lumière et nous nous allongeons ensemble sur le lit, tandis que les oiseaux se souhaitent bonne nuit. L'ombre violette du crépuscule s'intensifie, la respiration des enfants ralentit à mesure que s'éloignent les préoccupations de la journée, et nous nous mettons à l'écoute. Quand le dernier oiseau a dit son dernier mot et que tout est calme, c'est le temps pour nous de nous souhaiter aussi bonne nuit en chuchotant. Nous restons parfois allongés un long moment, à moitié endormis, peut-être, mais encore à l'écoute, dans l'attente d'une trille finale, du mystérieux solo qui entonnera la coda avant la nuit. Trou lou, trou lou, bonne nuit.

Par l'écoute, nous nous ouvrons à la vraie voix
de l'âme et à la musique de l'univers.

LA NATURE

*J*E NE RETROUVE PLUS l'arbre à déjeuner. La forêt où j'avais l'habitude de vagabonder est maintenant quadrillée par un quartier résidentiel et la nature a pratiquement disparu. L'arbre à déjeuner n'avait rien de particulier, vraiment, ce n'était qu'un arbre se trouvant près du sentier derrière la maison, qui avait par hasard assez de branches basses pour que j'y grimpe facilement, sans peur. Cet arbre bienveillant est, encore aujourd'hui, un ami précieux bien vivant dans mon imagination. L'arbre à déjeuner a reçu son nom un matin d'été où ma mère avait accepté de se lever tôt avec moi, de préparer un panier à pique-nique et de venir me rejoindre pour déjeuner en haut parmi les branches.

Avec le recul, je trouve merveilleux que ma mère et moi ayons effectivement fait tout cela – d'abord, elle n'a jamais aimé les hauteurs ; ensuite, elle n'était pas le genre de mère qu'on pouvait imaginer dans un arbre, en train de boire un jus d'orange, à six heures trente le matin. Elle avait pourtant acquiescé à mon projet, préparé notre panier à déjeuner et pris la direction du bosquet avec moi. Je me rappelle que nous étions très heureuses d'être ensemble, perchées sur notre branche tandis que la forêt s'animait autour de nous et que nous nous promettions de répéter ce pèlerinage matinal pour déjeuner dans notre arbre.

Nous ne l'avons jamais refait. Mais peut-être qu'une seule fois était suffisante après tout, car nous nous souvenons toutes les deux de la magie de ce matin et de tout le plaisir que nous avons ressenti. Avec les années, j'en suis venue à considérer l'arbre à déjeuner comme un symbole de mon enfance et de ce que j'ai le plus aimé étant enfant – le contact désinvolte et quotidien avec la nature, un mode de vie que je prenais alors totalement pour acquis et dont je suis profondément reconnaissante aujourd'hui. Je soupçonne que l'arbre à déjeuner symbolisait quelque chose pour ma mère aussi – c'était une voie d'accès à mon univers d'enfant, un lieu qu'une mère occupée et une petite fille ont un jour choisi ensemble parmi les miracles de l'univers, dans un esprit d'aventures et de découvertes partagées.

L'autre soir, j'étais en train de penser à l'arbre à déjeuner – et à combien je chérissais ce souvenir, remontant à trente ans, d'une seule heure passée à cet endroit – quand mes deux fils m'ont invitée à passer la nuit dans la tente qu'ils avaient montée dans la cour. Ils savent très bien, comme j'en ai moi-même eu un jour le pressentiment, que la nature n'est pas une chose que l'on atteint au bout d'une quête mais, plutôt, quelque chose qui nous attend lorsqu'on ouvre la porte. «Tu vas aimer ça, maman!» m'ont-ils promis. À vrai dire, je rêvais d'une douche rafraîchissante, de me glisser dans mon lit douillet, de parcourir un magazine et de retrouver mon mari. Mais en voyant l'enthousiasme au fond de leurs yeux, je me suis souvenue de l'arbre à déjeuner et au plaisir unique que j'avais ressentie en compagnie de ma mère. J'ai donc dit oui, j'*aimerais* cela.

Nous sommes donc sortis, en traînant notre lampe de poche, une bouteille d'eau, des oreillers et une pile d'albums de Tintin jusqu'au campement – à tout au plus soixante pieds des marches derrière la maison. Une fois à l'intérieur de la tente, entourés de notre équipement, nous avons observé la nuit. Une luciole solitaire dansait un lumineux solo à travers l'obscurité. Les branches des pins bruissaient doucement au-dessus de la tente, chuchotant, «chut». Les ramures retombaient à proximité du rabat de la porte, formant une frange noire en guise de baldaquin. Vue du sol, notre propre maison semblait étrangement sinistre, une inquiétante silhouette gothique. La lune, à une journée d'être pleine, s'élevait mûre comme un melon, entourée de la faible lueur des étoiles. Un chien a hurlé au loin. Nous respirions l'air frais et parfumé, et nous nous sommes abandonnés aux plaisirs d'une glorieuse nuit d'été. Pensons-y – tout cela avait été chaque nuit à notre portée, et voilà que nous y étions enfin, à nous y abreuver. «Nous allons faire ça toutes les nuits», ont-ils proposé. «Nous pourrions bien vivre ici pendant tout l'été», a murmuré Henry. Finalement, enroulés contre moi comme des chiots, mes fils ont glissé dans le sommeil, ignorant la dureté du sol, les sacs de couchage glissants, le moustique solitaire qui s'était faufilé dans la tente avec nous et qui se faisait maintenant un festin de la chair fraîche de petits garçons. Moins innocente, je suis restée réveillée pendant un long moment. Tout en sachant bien que nous n'allions pas nous retrouver à cet endroit toutes les nuits, je savais que nous vivions maintenant des instants merveilleux et je voulais que cela dure le plus longtemps possible.

*J*e crois que nous, les parents, en sommes venus à considérer la nature comme une chose que nous devons *enseigner* à nos enfants, une chose que nous sommes censés leur fournir comme faisant partie d'une éducation complète, à côté des leçons de musique et des sports d'équipe. Mon mari et moi, nous nous sommes fait un devoir d'amener nos enfants observer les baleines, visiter le planétarium et le musée d'histoire naturelle, et faire de la randonnée dans les sentiers de petites montagnes ; nous les avons même envoyés pendant une semaine en colonie dans une ferme afin qu'ils entrent en contact avec les vaches, les cochons et les poulets.

Pourtant, j'en suis venu à réaliser que certains petits lieux familiers ont laissé une impression beaucoup plus profonde chez mes enfants que toutes les baleines, les vues panoramiques et les expositions sur les forêts tropicales humides réunies. Les contacts avec la nature qui ont la plus importante signification pour eux sont ceux qui se produisent sans avoir été planifiés et qui répondent au désir improvisé de découvrir ce qu'il y a au bout d'un chemin. La curiosité et l'exubérance de mes fils les entraînent dans des univers enchantés remplis de merveilles et de possibilités, dans des mares pleines de vagues et au sommet des arbres, au milieu de flaques de boue et dans des clairières couvertes de mousse, au fond de trous et en haut de rochers.

À maintes reprises, mes enfants m'ont permis de découvrir des lieux et des plaisirs que sans eux j'aurais complètement ratés. Un jour, j'ai demandé à Henry de me nommer son endroit préféré au monde, en m'attendant un peu à ce qu'il choisisse le buffet chinois du Far East Cafe. J'étais très loin : son endroit préféré, m'a-t-il dit sans hésiter, est un champ d'herbes hautes chez sa grand-mère, un champ dont je connaissais à peine l'existence. Un soir, alors que je bordais Jack, il s'est mis à me dépeindre avec des mots le paysage qui se trouve derrière son école. Étonnée, je l'ai écouté me décrire dans les moindres détails les rochers, les arbres et les sentiers dont lui et ses camarades de classe ont fait leur domaine. Pour moi, il s'agit d'une jolie parcelle de terre protégée ; pour eux, c'est tout un univers appelé la «Forêt d'or», où l'on peut reconnaître les pistes de la hyène, la place aux aiguilles de pin, les arbres enchevêtrés, la carrière, les tipis, les coins vaseux et la cachette secrète. Durant sa dernière semaine à la maternelle, Jack a fabriqué une brochure dans laquelle il a soigneusement dessiné et colorié tous ces endroits…

parce qu'il voulait, a-t-il dit, s'en souvenir toute sa vie. Il s'agissait là, je le réalise maintenant, du meilleur programme d'études qu'il pouvait avoir eu – une année de matinées passées dehors. Et le petit livre qu'il a fabriqué résume les inestimables leçons que la terre avait fournies – des expériences directes et constructives dans la nature, qui ont nourri son âme et éveillé son imagination pour le reste de sa vie.

En m'entraînant dans la tente l'autre nuit, mes fils m'ont rappelé encore une fois que même notre cour familiale peut nous offrir des surprises. En fait, les enfants tout comme les adultes peuvent constamment redécouvrir un même endroit, simplement en le regardant de plus près. Nous n'avons pas besoin d'escalader des montagnes ou de traverser les mers pour retrouver la nature ; nous n'avons qu'à nous mettre à quatre pattes avec nos enfants et à observer avec attention les mouvements d'une petite créature qui vaque à ses occupations.

Il est tellement facile dans notre culture de perdre complètement contact avec l'univers naturel. Nous croyons que nous n'avons pas de temps à consacrer à la nature, et conséquemment nous ignorons notre propre besoin de sentir la terre, l'eau et le ciel. La vie moderne nous éloigne des rythmes de la nature, des observations et des interactions avec un univers naturel qui peut calmer nos esprits préoccupés, redonner un sentiment de bien-être et rétablir un lien entre nous-mêmes et toutes les formes de vie. Au lieu de cela, nous passons des heures à l'intérieur, asservis à un quelconque autre rythme, baignés dans la lumière artificielle, à respirer un air recyclé, au milieu de matériaux synthétiques – béton, verre et plastique. De plus en plus, nos enfants passent aussi leurs journées dans ce genre d'environnement – salles de classe colorées, programmes parascolaires structurés, terrains de jeu artificiels, installations sportives qui ont peu à offrir comme beauté naturelle. Il est dès lors peu étonnant qu'un si grand nombre de personnes ont la vague impression qu'il manque quelque chose d'important à leur vie ou que leurs enfants grandissent en l'absence d'une relation directe, durable et confortable avec la terre. Peut-être ne savent-ils même pas ce qui leur manque, car ils ne peuvent désirer une chose dont ils n'ont jamais fait eux-mêmes l'expérience.

Comme l'a fait observer Robert Michael Pyle, qui a beaucoup écrit sur la nature, plusieurs enfants souffrent aujourd'hui de ce qu'il appelle «l'extinction de l'expérience». Contrairement aux enfants des générations précédentes, ils n'ont pas ce contact direct et fréquent avec la terre et ses créatures qui aboutirait à une relation durable et passionnée avec l'univers naturel. Nos enfants, souligne-t-il, peuvent avoir des points de vue «politiquement corrects» sur des questions telles que les baleines, le réchauffement planétaire, la pollution et l'état de la forêt amazonienne; ils sont au courant des principaux problèmes environnementaux, mais ils ont bien peu de connaissances de base si l'on considère l'expérience viscérale et de première main. Le contact physique réel et intime avec la nature est chez eux en train de s'effacer. Il ne suffit pas, donc, d'enseigner des choses à nos enfants *au sujet de* la nature; nous devons permettre à nos enfants de grandir *dans* la nature.

*T*oute relation requiert du temps, beaucoup de temps. Pour qu'un enfant en vienne à aimer vraiment l'univers naturel, à ressentir sa beauté, sa vérité et son pouvoir à un niveau spirituel, il ou elle doit d'abord passer du temps dans la nature. En fin de compte, ceux et celles qui auront une réelle influence sur le monde à venir – ceux et celles qui grandiront avec la confiance et l'imagination nécessaires pour contribuer à sauver la terre – seront ceux et celles qui le connaîtront bien et l'aimeront profondément.

En tant que parents, nous avons donc un rôle important à jouer. Nous pouvons entraîner nos enfants dehors. Nous pouvons les accompagner quand ils grimpent en haut des rochers, barbotent dans les ruisseaux, creusent des trous dans la terre. Nous pouvons partir à la recherche de bernard-l'ermite, suivre des chenilles à la trace, compter les étoiles. Nous pouvons leur faire franchir la porte et les laisser en liberté, et leur permettre de trouver refuge dans leurs endroits de prédilection. Nous pouvons réfléchir et nous émerveiller avec eux, ramasser des pierres, des coquillages et des graines, célébrer les saisons, jouir du temps qu'il fait, quel qu'il soit.

Et voici un merveilleux secret : nos enfants nous offrent l'occasion de redécouvrir nous-mêmes les merveilles de la nature. Vous n'avez besoin d'aucune connaissance particulière, d'aucun équipement et encore moins d'une quelconque planification. Vous n'avez pas à être un naturaliste ou un professeur. En fait, il n'est pas nécessaire que vous soyez capable d'identifier un seul oiseau, une seule fleur ou une constellation. Tout ce dont vous avez besoin, c'est de bien vouloir sortir, regarder autour de vous et vous abreuver du mystère et de la beauté de l'univers qui se trouve devant vos yeux. À une certaine époque, j'aurais souhaité avoir davantage de connaissances à partager, avoir de meilleures bases en sciences naturelles, afin de pouvoir expliquer le monde à mes enfants plutôt que de simplement en faire l'expérience avec eux. Nos sorties ont certainement soulevé plus de questions que de réponses. Mais tandis que nous observions la nature et nous émerveillions ensemble, j'en suis venue à croire que notre expérience partagée était sans doute plus précieuse pour mes enfants que n'importe quelle éducation que j'aurais pu leur fournir. À la longue, ils finiront aussi par acquérir des connaissances, mais ils ont d'abord besoin du temps et de l'espace nécessaires pour développer un lien affectif avec la terre, pour forger leur propre relation avec les plantes et les animaux, avec la terre et le ciel. «Il n'est pas tant important de savoir que de ressentir», nous rappelle la naturaliste Rachel Carson dans son classique impérissable, *The Sense of Wonder*. Et elle donne le conseil suivant : « Pour qu'un enfant conserve son sens inné de l'émerveillement, il a besoin de la compagnie d'au moins un adulte capable de le partager, de redécouvrir avec lui la joie, l'émotion et le mystère du monde où nous vivons. »

Quand nous nous ouvrons à la nature, quand nous explorons le monde qui nous entoure avec nos sentiments et nos émotions plutôt qu'avec notre intellect, nous y engageons tous nos sens… et nous invitons nos enfants à faire de même. Pour l'instant, du moins, j'essaie donc de résister au réflexe de donner trop d'explications, car tous ces mots peuvent nous empêcher de faire de plus profondes observations. Je réprime même la voix qui voudrait dire « Fais attention de ne pas tomber » ou « Tu vas te tremper » ou « Rentre, tu vas prendre froid ». L'expérience comprend les extrêmes, et les enfants ont besoin de les ressentir, ils ont besoin de tester leurs propres limites. Par une grise journée du mois d'avril, je n'ai pas protesté quand mes garçons ont décidé de patauger dans un ruisseau des environs avec leurs bottes de pluie. Je n'ai pas grondé Jack quand il a « accidentellement » glissé et s'est retrouvé assis dans l'eau glacée. Et je n'ai même pas dit un mot quand son frère aîné a immédiatement fait de même, plongeant dans l'eau lui aussi. Ma retenue a été récompensée par leurs expressions de joie. Ils se sont relevés, dégoulinants et triomphants, et ont crié : « Nous avons eu notre première baignade de l'année ! » Ils ont ensuite couru vers la maison, en s'égosillant par pur plaisir et pour s'empêcher de pleurer de froid. « Eh bien, a joyeusement proclamé Henry au moment où ils sont rentrés pour enfiler des vêtements secs, je crois que nous avons eu assez de nature pour aujourd'hui ! »

Vu par les yeux d'un enfant, le monde est un endroit délicieux et irrésistible. Et, pour l'instant, quoi qu'il arrive, je suis l'adulte qui a la chance d'accompagner deux petits garçons et de voir son propre sens de l'émerveillement se renouveler chaque fois que nous franchissons la porte et regardons autour de nous.

Un enfant auquel on permet de ressentir pleinement
la beauté et le pouvoir de la nature reçoit un cadeau
qu'il conservera toute sa vie,
un cadeau qui prendra un sens plus profond et plus
large au cours de toutes les années à venir.

L'ÉMERVEILLEMENT

Si vous avez un farfadet dans la maison, il n'y a rien à faire
sinon lui laisser un bol de porridge chaud tous les soirs au
coin du feu, dans lequel vous aurez versé suffisamment de lait
et auprès duquel vous déposerez une cuiller à long manche
lui permettant d'avaler le porridge à petites gorgées.

– MOLLIE HUNTER, *« The Brownie »*

Y A-T-IL UN FARFADET dans votre maison ? Si c'est le cas, vous ne l'apercevrez jamais, mais vous serez bientôt certaine qu'il s'y trouve. Personne ne sait ce qu'un farfadet fait le jour, mais il passe toute la nuit debout, sans aucun doute, à chercher des pièces de puzzle égarées, le devoir de la veille qu'on avait perdu et les lunettes de lecture de papa. Si vous avez de la chance, il remettra de l'ordre dans une pièce en pagaïe, rangera les jouets sur leur tablette et nettoiera les traces boueuses sur le parquet. Il pourra même se faufiler dans votre cuisine au cœur de la nuit et mettre la table pour le déjeuner, couper un cantaloup bien mûr en de juteux morceaux que trouveront les enfants affamés en se levant ou glisser une friandise spéciale dans un sac à dos qui traîne dans la maison. En effet, et là-dessus vous serez d'accord avec moi, un farfadet est un membre qu'on accueille à bras ouverts dans n'importe quelle famille. Tout ce qu'il demande en retour pour son dur labeur, c'est qu'on le nourrisse bien et qu'on le laisse tranquille ! Si les enfants de la maison le traitent avec respect, il leur rendra leurs petites gentillesses au centuple.

La brillante maîtresse de la maternelle que fréquente Henry a entretenu une fertile relation avec un farfadet (elle le nommait «fadet») dans sa classe. Les enfants travaillaient très fort au moment du nettoyage, de manière à ce que le fadet n'ait pas à faire tout le travail lui-même, et avant d'aller jouer, ils lui laissaient souvent un petit goûter dans un panier sur la table. Comme par magie, lorsqu'ils rentraient de leurs aventures en plein air, la classe était en ordre et étincelante de propreté, et la petite offrande avait disparu. Bientôt, les enfants se sont mis à détecter la touche du fadet partout – un jouet qui était brisé la veille était mystérieusement rafistolé le lendemain; une nouvelle pierre ou un superbe coquillage étaient découverts sur la table consacrée au monde de la nature; un trésor perdu réapparaissait soudain, exactement là où il devait se trouver. Très subtilement, une douce magie s'est diffusée dans l'atmosphère de la classe. Un jour, Henry s'est demandé si, par hasard, nous n'aurions pas la bonne fortune d'avoir un farfadet dans notre maison. Nous avons décidé d'en avoir le cœur net et, cette nuit-là, nous avons laissé un biscuit et un verre de lait sur la table de la cuisine. Le fait qu'il ne restait que des miettes le lendemain matin a été suffisamment probant à ses yeux, et, dès cet instant, nous nous sommes mis à trouver toutes sortes de preuves de l'existence du farfadet. Plus tard, nous avons découvert le conte fantastique de Mollie Hunter intitulé «The Brownie»[1], qui décrit les efforts résolus d'un farfadet désireux de continuer à habiter dans une ferme irlandaise.

Alors que Henry était en deuxième année et que Jack venait tout juste de faire connaissance avec le fadet dans sa propre classe de maternelle, mon époux et moi avons découvert à quel point ce lutin furtif avait frappé l'imaginaire de nos deux garçons. Ils venaient de passer des heures à construire un modèle réduit K'Nex, absorbés dans le manuel d'instruction et

---

[1] NDT. En français, *brownie* signifie «farfadet».

essayant d'assembler les mille morceaux d'un carrousel à énergie solaire. Mais peu avant l'heure d'aller au lit, ils se sont heurtés à un mur. Les indications n'avaient pas de sens, rien ne marchait, et ils manquaient de temps. Frustrés au-delà de toute description, ils sont allés se coucher. Mon époux s'est assis au milieu de tous ces petits morceaux de plastique, déterminé à résoudre le problème. Bientôt, il était perdu au paradis K'Nex ; il n'avait pas vraiment l'intention de finir de construire le modèle réduit, mais il ne l'a pas lâché avant d'avoir terminé. Tôt le lendemain matin, Henry et Jack sont arrivés en courant dans notre chambre. Ils criaient : « Le farfadet a construit tout le carrousel ! Il l'a terminé pour nous ! »

En quelque sorte, dans notre hâte de piloter nos enfants vers l'accomplissement de soi et vers l'indépendance, nous semblons avoir oublié ce qu'est véritablement l'enfance. Soucieux de gérer leur vie et la nôtre, nous pouvons si facilement perdre de vue nos enfants – leur tendresse et leur innocence, leur joie de vivre, leur aptitude à s'émerveiller, leur soif de merveilleux. Une touche de magie peut faire renaître l'esprit enfantin qui subsiste en chacun de nous, nous permettant de visiter de nouveau, un court moment, le royaume secret de l'enfance. Dans un magnifique passage de son journal intime intitulé *Falling Through Space*, Ellen Gilchrist décrit l'amour et le sentiment de sécurité qu'elle éprouvait lorsqu'elle était enfant grâce au talent qu'avait sa mère d'entrer dans son monde imaginaire. « Voilà mon monde, écrit-elle, c'est là que j'ai été formée, c'est là d'où je viens et c'est ce que je suis. Mon carré de sable se trouvait là. J'ai passé des milliers d'heures seule derrière cet arbre à construire des fortins pour que les fées y dansent sous la lune. La nuit, pendant que je dormais, ma mère venait ici et faisait danser ses doigts partout sur mes constructions de sable de manière à ce que, au matin, je voie les empreintes et croie que les fées avaient dansé dans le sable durant la nuit. »

Une si grande part de la vie familiale est, par la force des choses, happée par l'entretien ménager, par la recherche des objets perdus et par les longues négociations à savoir qui ramassera ou non tel dégât. Mais la vie familiale nous offre aussi des occasions d'animer notre vie par le jeu. Un jeu peut dissiper le désagrément d'une simple corvée et faire place à une ambiance de fête. La présence d'esprits invisibles embellit une maison. La magie pique nos sens. Lorsque nous avons commencé à transformer l'heure du nettoyage en une faveur que nous faisions à un farfadet, nous avons découvert que notre attitude aussi était transformée, car nous créions quelque chose de spécial ensemble – un vent d'émerveillement. Dans notre maison, nous attribuons au farfadet le mérite d'une grande partie du travail que nous, parents, faisons après que les enfants sont couchés ; en retour, nos enfants font plus souvent sans grommeler les tâches que nous leur demandons d'accomplir. Ils ne se soucient peut-être pas autant que nous des standards en matière de propreté, mais ils veulent que le farfadet soit heureux. Bien sûr, ce qui se produit, en vérité, c'est que la présence inoffensive du farfadet nous procure à tous de l'émerveillement.

Remarque : si vous voulez vous assurer que le farfadet, tout comme vos enfants, soit bien nourri et se sente comblé dans votre maison, il n'y a rien de mieux que ce porridge.

LA GÂTERIE PRÉFÉRÉE DU FARFADET

Avant d'aller au lit, à 500 ml (2 tasses) de gruau d'avoine irlandais (disponible dans les magasins d'aliments naturels), incorporez 500 ml (2 tasses) d'eau, 7 ml (1 1/2 cuiller à thé) de sel de mer et 60 ml (1/4 de tasse) de petit-lait en poudre ou de babeurre. Recouvrez d'une pellicule plastique et laissez reposer toute la nuit. Le lendemain matin, dans une casserole à fond épais, incorporez au mélange d'avoine 500 ml (2 tasses) d'eau supplémentaires. Amenez à ébullition et laissez mijoter, en remuant constamment, durant environ 5 minutes, jusqu'à ce que le mélange épaississe. C'est le déjeuner le plus facile à faire, le plus nutritif et le plus délicieux qui soit, mais on doit l'essayer pour le croire ! Servez avec toutes sortes de garnitures et laissez les enfants créer leurs propres sundaes à l'avoine : noix hachées, cassonade, sirop d'érable, cannelle, raisins secs, cerises confites, et du lait. Donne quatre portions, avec un petit surplus pour le farfadet. (Vous pouvez aussi mettre tous les ingrédients y compris les 4 tasses d'eau dans une mijoteuse avant d'aller au lit en laissant le tout à feu très bas, et vous pourrez déguster votre porridge tout chaud en vous levant le lendemain matin.)

Le royaume de l'émerveillement
nous est ouvert à tous
à la condition que nous consentions
à en franchir le seuil.

LES GRÂCES

*L*A GRÂCE N'EST PAS VENUE aisément à notre table. Lorsque j'étais enfant, le plus vieux membre de la famille qui était présent, habituellement un de mes grands-parents, disait le bénédicité avant les soupers de fête, mais c'était tout. La plupart du temps, le soir, ma mère nous appelait pour le souper, nous nous bousculions vers la table, prenions nos places et commencions à manger. Lorsque j'y repense, il y avait, mine de rien, une certaine sagesse dans cette façon de faire de mes parents. Ma mère servait le souper à sa famille tous les soirs, année après année, et on s'attendait à ce que nous soyons là, que nous mangions et que nous soyons reconnaissants de trouver ce qu'on avait mis dans nos assiettes. Il n'était pas question de préférences alimentaires ou de bonnes manières à table : mes parents travaillaient fort toute la journée et mon père se mettait facilement en colère, alors personne ne voulait être celui qui déclencherait l'orage.

À l'époque où mes fils approchaient de l'âge où nous pourrions vraiment nous réunir autour de la table ensemble, la question de l'heure du repas m'a semblé mériter que je m'y attarde.

Parmi les institutions sociales qui risquent de ne pas survivre au-delà du XXe siècle, le repas familial arrive certainement en tête de lice. Nos horaires nous entraînent loin de la table et nous écartent les uns des autres, et la restauration rapide nous incite à manger sur le pouce en nous arrêtant juste assez longtemps pour ingurgiter du carburant alimentaire entre deux activités. Et, comme le sait trop bien toute mère qui est déjà revenue à la maison en courant pour faire le repas familial, nous en donnons souvent plus que nous n'en recevons. Vaut-il vraiment la peine de s'épuiser à faire les courses, à cuisiner et à servir le repas pour se buter à des enfants qui lèvent le nez sur ce que nous leur servons, à des adolescents qui chipotent et à quelqu'un qui se rue hors de la maison en lançant qu'il n'a pas le temps de manger ? Est-ce que ce rituel mérite vraiment qu'on le préserve, après tout ?

Cette question me traversait généralement l'esprit alors que j'épongeais du jus renversé, faisais les yeux doux à un gamin de deux ans pour qu'il mange quatre bouchées de plus de son macaroni, essayais en vain de tenir une conversation avec mon époux, voyais ma propre assiette devenir froide tandis que je bondissais pour la vingtième fois pour aller chercher du lait, du sel, du ketchup… Je me suis prise à rire lorsque j'ai lu une méditation écrite par un moine célèbre, où il soutient qu'avoir l'esprit attentif, c'est entre autres mettre la table et planifier si bien l'heure du repas qu'on n'aura pas à se lever une fois attablé. Facile à dire pour un mystique, je suppose, mais impossible à faire pour une mère.

Alors, pourquoi nous en soucions-nous ? Peut-être parce que l'heure du repas nous offre chaque jour l'occasion de célébrer le fait que nous formons une famille. Dans un monde en constante mutation où règne l'incohérence et l'incertitude, nous avons tous une place bien à nous, une place à notre propre table, et nous pouvons nous y réunir et nourrir nos corps et nos âmes, comme le font les humains depuis la nuit des temps.

Il n'y a pas si longtemps, une amie qui enseigne à la maternelle dans un milieu urbain, m'a dit que lorsqu'elle a accueilli son premier groupe à l'heure de la collation, elle a réalisé soudain que la plupart de ces enfants n'avaient jamais pris un repas avec d'autres personnes. Ils n'avaient jamais vu de serviettes pliées, jamais entendu dire les grâces ou observé les règles de savoir-vivre que nous associons à l'heure du repas. Alors, elle a consacré les premières semaines de cours à enseigner aux enfants comment s'asseoir l'un près de l'autre sur une chaise sans se chamailler ou sans bondir de leur siège, comment disposer leur serviette sur leurs cuisses, comment joindre les mains pour réciter les grâces, comment dire « s'il vous plaît » et « merci » et comment manger les aliments qui se trouvaient devant eux. Avec le temps, elle les a aussi initiés aux plaisirs d'être attablé avec les autres et de discuter des événements de la journée. Mais bien avant de pouvoir apprendre à maîtriser l'art de la conversation, ces enfants devaient apprendre à faire partie d'un groupe et à honorer le rituel de la communion avec les autres.

Tous les parents que je connais ont déjà vécu l'expérience de la table familiale comme un champ de bataille. Les esprits s'échauffent à table, et adultes comme enfants sont prompts à se braquer – à propos de la nourriture et de la quantité ingurgitée, à propos des bonnes manières, à propos de la disposition des places, ou encore à propos de quelque aspect de l'attitude à adopter, depuis la façon dont on tient les fourchettes et dont on mâche les aliments jusqu'au genre de conversation permis. Il est tentant de brandir le drapeau blanc et de se rabattre sur une pizza grignotée devant la télé.

Pourtant, si nous renonçons à toutes les coutumes qui nous réunissent, nous courons le risque de nous perdre l'un l'autre, tant physiquement qu'affectivement. La valeur nutritive des aliments qui nous sont offerts avec amour et qui nous sont servis dans une ambiance paisible ne se retrouve pas dans un MacDonald's ou devant les nouvelles de dix-huit heures. Avec le temps, mes aspirations quant à l'heure du repas familial ont radicalement changé. Après trop de disputes à propos de ce qui se trouvait dans l'assiette, j'ai fini par réaliser que le souper – tout au moins à cette étape de notre vie – n'est pas vraiment une question d'*aliments*. Le souper, c'est aimer et apprendre à se retrouver réunis. Alors, nous avons laissé tomber la plupart des négociations à propos de la manière dont les enfants doivent manger ou des quantités qu'ils doivent ingurgiter. Nous avons décidé de rendre les heures de repas sympathiques, de faire du souper un événement que chacun d'entre nous attend avec impatience plutôt que de le laisser devenir une tâche parmi tant d'autres à laquelle il nous faut survivre.

Dans ce but, je prépare de la nourriture savoureuse et bonne pour la santé et j'attends de mes enfants qu'ils goûtent à tout sans ergoter. Sinon, tout ce que je leur demande, c'est de manger ce qu'ils peuvent en se retenant de passer des commentaires sur le repas. La dernière partie de cette phrase est la plus importante ! De la manière dont mes enfants l'interprètent, cela veut dire : «Ne pas lever le nez devant la nourriture.» Je ne cuisinerai pas deux plats ni n'offrirai des plats à la carte pour les goûts capricieux d'un enfant – mais quiconque n'a pas envie de manger ce qui se trouve devant lui est libre d'apporter son propre fruit et son propre fromage à table… encore une fois *sans ergoter*.

La conduite à adopter et la conversation entre les membres de la famille, dans ce cas, font partie intégrante du repas. Nous apprenons par l'action. Il ne faut donc pas s'étonner que ce soit par l'exemple que les parents soient le plus aptes à enseigner un comportement, puisque, qu'on le veuille ou non, nos enfants nous surveillent et nous imitent. À mesure que nos enfants grandissent, nos attentes à leur égard croissent elles aussi, du temps que nous leur demandons de passer assis sur leur chaise au raffinement de leurs manières à table. Tant et aussi longtemps que je garde à l'esprit le véritable objectif – une rencontre joyeuse et harmonieuse –, il ne m'est pas difficile de garder le reste en perspective. Si cela m'apparaît comme le meilleur moyen de permettre à l'heure du repas de s'écouler sans attirer indûment l'attention sur l'écart de conduite de quiconque, il peut m'arriver de les guider doucement d'un regard ou d'un signe de la main, de prendre sur mes genoux un fils dissipé ou même de l'envoyer réfléchir hors de la pièce. Il *me* faut un bonne dose d'autodiscipline pour m'empêcher d'asticoter mes enfants afin qu'ils mangent plus de ceci ou de cela, mais je me rends compte qu'il leur faut aussi de la discipline pour apprendre à s'asseoir à table, à se nourrir de bonne grâce et à prendre part à la conversation. Nous faisons de notre mieux. J'ajouterai ceci, toutefois : une fois détournée notre attention des négociations à propos de la nourriture, nous nous sommes retrouvés libres de goûter tout bonnement l'expérience de nous retrouver réunis pour partager le récit de notre journée. La bonne humeur est montée d'un cran.

De la même manière, par la voie de l'essai et de l'échec, nous avons trouvé une façon de marquer un temps d'arrêt avant de plonger dans le bavardage et dans la commotion de l'heure du repas. Mon époux et moi, nous nous étions mis d'accord sur le fait que nous devions instaurer le rituel des grâces à notre table. Toutefois, il y avait tout un monde entre vouloir le faire et le faire vraiment. Longtemps, dire les grâces nous a semblé tout simplement impossible – ou bien mon époux oubliait, ou bien c'était moi, ou alors un enfant ou l'autre partait en guerre contre la piété sous toutes ses formes. Un jour, Jack, alors âgé de trois ans, a protesté en appuyant les mains sur ses oreilles et en criant : «Pas de grâces, pas de grâces, pas de grâces!» Sans tradition familiale à laquelle me raccrocher, je ne savais pas trop comment m'y prendre – nous improvisions au fur et à mesure, de toute façon. Je trouvais certainement très difficile de ressentir beaucoup de gratitude en ces moments-là. En vérité, le fait de dire une prière avant le repas ne me venait pas naturellement non plus. Je me sentais comme si nous étions en train de jouer un rôle plutôt que d'exprimer un sentiment authentique. Pas étonnant que mes enfants n'embarquaient pas dans le jeu !

Je me suis rendu compte que nous devions repartir à zéro et commencer en plein là où nous en étions plutôt que d'essayer de nous imposer quelque chose d'artificiel. J'ai donc invité chaque personne présente à la table à dire de quoi elle était reconnaissante à ce moment précis. Ce rituel n'a pas de règles ; on peut même passer son tour si on le désire. Mais je ne me rappelle pas qu'un adulte ou en enfant ait laissé filer une seule occasion d'exprimer sa gratitude pour *quelque chose*. Bien au contraire. Parfois, la liste est si longue que nous continuons à en parler durant le souper. Mes fils ont été reconnaissants pour des cailloux, des matchs de base-ball, des vers de terre, des jours où il avait neigé, des professeurs qu'ils aimaient, de nouveaux amis et une multitude d'autres cadeaux, petits et grands. Parfois, j'aimerais avoir pris en note nos conversations autour du repas du soir, afin de conserver un souvenir tangible de notre vie ensemble et des grâces qui ont plu sur nous tous. Parfois, lorsque vient notre tour, mon époux et moi, nous nous regardons dans les yeux, chacun de son côté de la table, et nous nous remercions mutuellement. Cela rappelle alors à nos fils tout l'amour qui les entoure, même au milieu d'une journée infernale ou d'une semaine difficile.

Il y a quelques années, Jack et Henry ont ramené à la table familiale une formule de grâces qu'ils avaient apprise à l'école. À ce moment-là, comment nous étions maintenant à l'aise d'observer quelques minutes de recueillement avant le souper, il nous a paru tout naturel de nous tenir les mains et de dire ce court verset à l'unisson :

*Terre, toi qui nous donnes cette nourriture, Soleil, toi qui
la fais mûrir et la rends bonne à manger, très chère Terre*

et très cher Soleil, nous n'oublierons jamais ce que vous avez fait pour nous. Rendons grâce à ce repas et rendons-nous grâce l'un à l'autre. Amen.

Parfois, les mots sont dits un peu précipitamment, mais nous en sommes tous venus à affectionner ce rituel, comme si l'acte même de dire les grâces avait en soi un effet cumulatif. Il fait partie de ce que nous sommes, de ce que nous faisons. Parfois, Henry ou Jack proposent une formule de grâces différente qu'ils viennent d'apprendre, ou même une chanson. Les jours de fêtes nous inspirent habituellement des grâces spéciales. La gratitude a pris racine à notre table ; elle est entrée dans nos habitudes et je suis reconnaissante pour cela, également. En disant merci pour ce que nous avons, nous devenons de plus en plus conscients de la beauté et de l'abondance qui nous entourent.

*J*e crois que si nous nous sentons si bousculés et tourmentés par ce que nous faisons, c'est que nous consacrons trop d'énergie simplement à essayer de combler les demandes sans fin de nos enfants. L'heure du repas peut facilement devenir une obligation de plus, alors que nous essayons de satisfaire tout le monde qui nous demande un mets spécial, une boisson particulière, sa friandise préférée. Désormais, je consacre mon énergie à préparer un repas tout simple et à le servir avec amour. Cela, en soi, n'est pas un petit accomplissement. Toutefois, lorsque nous avons l'âme à la fête, nos repas peuvent devenir des célébrations en soi. Et lorsque nous nous arrêtons pour dire merci pour les richesses qui sont déjà nôtres, nous commençons à en prendre de plus en plus conscience ; elles se multiplient sous nos yeux. L'attention des enfants ne se concentre plus sur les mêmes choses – ils pensent à ce qu'ils ont plutôt qu'à ce qu'ils désirent. Du coup, nous sommes saisis d'un sentiment d'abondance : un cabré parfait à bicyclette dans l'entrée de garage, de la crème glacée pour dessert, un roman policier qui nous attend sur la table de chevet, du maïs en épi tout frais, dix paniers de suite, une nouvelle chanson apprise au piano, la nuit de vendredi qu'on va passer chez un ami… La pure joie !

La grâce familiale, à l'instar du repas en famille, a été menacée par le rythme et la complexité de la vie moderne. Combien il est facile de passer outre. Et pourtant, il y a tant de joie dans le partage et la gratitude devant ce que le monde a déjà à nous offrir. En disant les grâces tous ensemble, nous nous élevons au-dessus et hors de nous-mêmes pour un bref instant, tandis que la lumière de la conscience spirituelle illumine nos rencontres. Je vois notre table familiale comme un terrain d'entraînement pour toute la vie, un lieu où adultes comme enfants peuvent apprendre à mettre de côté leurs différences au profit du rire et de la camaraderie ; un lieu où nous pouvons tous être écoutés et respectés ; un lieu où chacun d'entre nous peut donner de l'amour et de la nourriture et en recevoir en retour. Lorsque nous nous tenons les mains autour de la table, nous créons un espace sacré entre nous. Lorsque nous partageons de la nourriture, mettons notre vie en commun et échangeons des idées, nous ravivons notre contact les uns avec les autres.

*S*i votre famille a perdu contact avec les simples plaisirs de l'heure du repas, les suggestions suivantes vous inspireront peut-être à revenir à table ensemble.

❧ Peu d'entre nous peuvent organiser un souper familial tous les soirs de la semaine, mais nous pouvons sûrement nous engager à en prévoir un ou deux. Si vous ne pouvez vous retrouver réunis à l'heure du souper, faites plutôt des déjeuners du dimanche. Faites montre de souplesse dans les dispositions que vous prendrez, mais honorez votre engagement de vous réunir en tant que famille pour nourrir vos cœurs et vos âmes.

❧ Créez une ambiance chaleureuse et festive à votre table. Allumez des bougies, disposez les couverts avec soin, ajoutez un bouquet de fleurs ou invitez vos enfants à confectionner un centre de table. Nous utilisons des bougies presque tous les soirs d'automne et d'hiver et habituellement nous employons aussi des napperons et des serviettes de tissu. Les enfants adorent les cérémonials et, lorsqu'on leur en donne l'occasion, ils se montrent d'ordinaire à la hauteur de la situation. Même un humble repas est rehaussé par la lueur d'une bougie et par un sentiment de fête.

❧ Mettez-vous d'accord pour que la télé et la stéréo soient éteintes et que tout autre bruit de fond soit éliminé, de manière à pouvoir être à l'écoute les uns des autres. Laissez le répondeur prendre les messages. Si vous traitez le temps que vous passez ensemble comme un moment spécial, vos enfants le feront, eux aussi.

❧ Tenez-vous en à des sujets de conversation qui susciteront la participation de tous. Ce n'est pas le temps de diffuser les plaintes de la journée ou de décrire la dernière controverse au bureau ; goûtez plutôt la présence des autres. Notre famille a eu beaucoup de plaisir avec une ou deux séries de cartes TableTalk, chacune des cartes posant une question qui suscite la discussion et vise à faire réfléchir et s'exprimer tout le monde. Des versions pour adultes et pour enfants sont sur le marché et nous adorons les deux. Tout ce qu'il vous faut pour lancer la discussion, c'est une carte qui frappe l'imagination de tous.

  Essayez de discerner ce qui est le plus important à vos yeux concernant l'heure du repas, et tentez d'y parvenir. Tenez-vous en à des règles de base fermes et simples. Par exemple, j'exige de mes enfants qu'ils goûtent à tout, qu'ils s'abstiennent de passer des commentaires sur la nourriture et qu'ils rapportent leurs assiettes dans l'évier lorsqu'ils ont terminé.

  Ayez des attentes réalistes et adoptez une attitude décontractée à l'égard des choses que vous n'arrivez pas à contrôler. Efforcez-vous d'instaurer l'harmonie. Faites en sorte que l'atmosphère demeure légère, ne vous laissez pas prendre par des discussions sans fin et rappelez-vous de viser le progrès, pas la perfection.

  Dites aux enfants qu'ils peuvent se lever de table lorsqu'ils ont terminé leur repas, puis gâtez-vous en partageant des moments entre adultes et en ayant une conversation d'adultes. Nos enfants savent maintenant que, leur père et moi, nous nous attendons à ce qu'ils nous laissent seuls durant quelques minutes à la fin du souper et ils ont appris à s'occuper pendant que nous prenons un peu de temps ensemble. Même lorsque je suis seule à la maison avec les enfants, je m'autorise tout de même de tels moments de tranquillité. Ce n'est pas parce que les enfants sont capables d'ingurgiter un repas en moins de dix minutes que nous devons faire comme eux.

  Soyez spontané. Par un sombre après-midi pluvieux, je me suis retrouvée sur la route à quatre heures, à faire des courses avec deux enfants épuisés et affamés sur la banquette arrière. Mon époux passait la nuit à l'extérieur de la ville et, soudain, j'ai songé qu'aucune règle ne décrétait qu'il fallait souper à six heures. Nous pouvions prendre le thé à quatre heures trente au lieu de souper. Je suis entrée dans une boulangerie pour y acheter des scones et des gâteaux et nous avons pris le chemin de la maison. Alors que les enfants dressaient la table en y disposant des soucoupes de porcelaines et des serviettes fleuries, j'ai coupé du fromage en petits cubes, lavé les fraises, fait de minuscules sandwiches au beurre d'arachides, disposé nos friandises dans de jolies assiettes et fait infuser une théière de tisane de menthe. Mes deux costauds de fils étaient absolument ravis. Nous nous sommes assis ensemble, avons allumé les bougies et festoyé jusqu'à ce qu'il ne reste plus une miette, simplement contents de nous-mêmes. Nous n'avions plus besoin de souper et le reste de la soirée s'étalait devant nous comme un cadeau.

∞ Invitez des gens à souper. Un invité constitue un moyen infaillible de transformer un repas ordinaire en une célébration. Les enfants adorent faire de la place à table pour une, deux ou plusieurs personnes de plus et ils sont enchantés d'inviter leurs amis à souper, tout comme nous, adultes, le sommes d'inviter les nôtres. Lorsque nous ouvrons notre porte et nos bras aux autres – tant aux enfants qu'aux adultes – nos gestes expriment notre amour et notre souci des autres. Rien ne fait se sentir une personne plus appréciée que d'être honorée et nourrie à la table d'un être cher. Les enfants de tous les âges adorent le tourbillon de la préparation des soupers de fête et ils apprennent par la même occasion tout le travail et la préparation qu'implique un repas spécial. Henry a déjà préparé et fait cuire un repas entier pour sa gardienne et le petit ami de celle-ci, et ce, avec très peu d'aide de ma part. L'an dernier, au jour de l'An, Jack a invité quatre jeunes amis pour un souper de fête de son cru. Il leur a donné les invitations en main propre la veille (ayant décidé que les enfants du voisinage étaient laissés pour compte dans les festivités de la veille du jour de l'An). Les enfants ont décoré des chapeaux de carton qui subsistaient d'une fête qui s'était tenue chez un voisin, ont soufflé dans des flûtes en papier et ont créé leurs propres pizzas individuelles avec des muffins anglais, du fromage et de la sauce. Jack a jugé que toute l'opération était un succès et était fier qu'on lui ait permis d'agir en tant qu'hôte.

Rappelez-vous que les enfants sont des êtres spirituels et, en tant que tels, méritent notre respect et notre déférence. Les enfants qui grandissent dans une atmosphère de prévenance et de courtoisie deviendront eux-mêmes prévenants et courtois. Une amie me disait que, dans sa famille, la coutume est de remercier le chef. Son jeune fils n'a jamais été le mangeur le plus audacieux, mais il est passé maître dans l'art du compliment, comme elle l'a découvert récemment alors que tous deux étaient attablés pour le repas du midi. «Ce hot-dog est délicieux. Je sais que tu ne l'as pas fait toi-même, mais il est juste à la bonne température!»

Il est si facile de ne pas faire de «chichis» lorsque vient le temps de nourrir nos enfants. Nous sommes pressées, ils s'en fichent – alors nous sommes tentées de déverser des Cheerios dans un bol de plastique, de leur tendre un sandwich et de continuer à faire notre petite besogne. Mais c'est justement là, dans leur propre maison, à leur propre table, que nos fils et nos filles apprennent les puissantes leçons du cœur. Lorsque nous honorons notre besoin humain de nourritures, à la fois physiques et spirituelles, nous enseignons à nos enfants à se respecter eux-mêmes et à respecter leur corps. Et même si nous offrons une collation après l'école à un gamin de cinq ans, nous pouvons le faire avec amour et prévenance. Nous pouvons verser du lait dans son verre préféré, disposer des pommes tranchées dans une assiette, plier une serviette et s'asseoir avec lui pour partager l'expérience, pour honorer ce moment, pour prêter l'oreille à ce qu'il a à nous dire.

Notre propre vie familiale n'est exceptionnelle en aucune façon. Avec les années, il y a des repas qui se sont terminés dans les larmes, il y a eu plus de déjeuners à la course que je peux en compter, plus de dures paroles échangées autour du repas du soir que je veux bien me le rappeler. Mais il y a eu plus de moments au milieu de ma vie quotidienne et ordinaire avec mon époux et mes enfants qui ont été véritablement exceptionnels. Des moments durant lesquels nous baignions dans la grâce, des moments où nous étions saisis par la simple joie de nous trouver réunis, par le fait de goûter la présence remarquable et irremplaçable de l'autre sur cette terre, sous ce toit, au sein de cette famille. Alors, nous nous prenons la main chaque jour et nous disons merci. «Rendons grâce à ce repas et rendons-nous grâce l'un à l'autre.»

Lors des festins, rappelle-toi que tu égaies
deux invités : ton corps et ton âme.
Ce que tu donnes au corps, en fait tu le perds ;
ce que tu donnes à l'âme, tu le conserves pour toujours.

– ÉPICTÈTE

LE RYTHME

SUR UN COUP DE TÊTE, j'ai loué le petit chalet qui était annoncé dans les petites annonces à la dernière page d'un magazine destiné aux anciens étudiants d'une institution d'enseignement. Y a-t-il une meilleure façon, ai-je songé, de ralentir le rythme de la vie familiale que de passer une semaine au bord d'un lac lointain sans autre compagnie ? Finalement, mon époux n'a pas pu se libérer de son travail cette semaine-là, alors nous avons convenu que les enfants et moi partirions vivre nos propres aventures et qu'il nous rejoindrait pour la fin de semaine. J'ai appris plusieurs leçons durant cette semaine passée seule avec mes deux garçons, mais celle que j'ai ramenée à la maison avec le plus de gratitude, c'est que les êtres humains ont besoin de rythme – et c'est là un besoin qui demeure souvent inassouvi dans notre culture où tout va trop vite.

Loin de nos possessions familières et de notre routine, entourée d'eau et de forêt, j'ai dû trouver un rythme qui nous bercerait. Nous devions nous recréer une vie au chalet. En quelques jours, nous savions déjà où la tortue se faisait dorer sous le soleil de midi et nous avions commencé à épier les faits et gestes du héron bleu qui avait élu domicile sur ce lac. Nous transportions des cruches jusqu'à la chaloupe et nous traversions le lac à la rame pour aller puiser de l'eau potable à un robinet qui se trouvait de l'autre côté. Nous ramassions des bleuets et des mûres dans les buissons près du chalet, nous observions les grenouilles, nous nagions dans l'eau sombre et profonde et nous explorions en bateau le périmètre du lac. Mais les journées étaient longues, et la seule structure était celle que j'imposais : trois repas par jour sur la véranda, une baignade le matin, une sieste après le repas du midi, une partie de Clue chaque soir à la lueur de la lanterne, des histoires avant le coucher. Le magasin le plus près était à vingt minutes ; le voisin le plus près, que nous ne connaissions pas de toute façon, n'était accessible qu'en bateau. Nous étions vraiment livrés à nous-mêmes – c'était là un sentiment qui, à tous, nous était étranger.

Chaque soir, je demandais à Henry de mettre la table pendant que je préparais notre souper. Il était heureux d'avoir une tâche à faire et transportait volontiers les assiettes, les couverts et les serviettes sur la véranda. En fait, à la maison, Henry était chargé de mettre la table depuis des mois, mais il y avait encore tout un monde entre la façon dont il s'exécutait et ma conception d'une table bien mise. Il ne se souciait pas de plier la serviette ou de disposer les couverts et n'essayait même pas de poser comme il faut les assiettes sur les napperons ou de créer un arrangement harmonieux. Parfois, je le rappelais et je lui montrais comment je voulais qu'il fasse les choses ; d'autres fois, je le laissais juste faire. Comme toutes les mères, je choisis mes combats, et celui-là ne m'a jamais semblé mériter de faire campagne.

Toutefois, au lac, cette routine triviale s'est graduellement transformée – sans que j'aie à dire un mot. Un soir, les serviettes étaient pliées ; le soir suivant, les couverts étaient soigneusement répartis, fourchettes à gauche, couteaux et cuillers à droite. Finalement, vendredi est arrivé – papa était là, enfin ! Tandis que

je remuais une casserole de pâtes sur la cuisinière, Henry a
commencé à mettre la table. Quinze minutes plus tard, il m'a
appelée pour que j'aille voir son chef-d'œuvre. Un verre de plastique rempli de fleurs sauvages trônait au centre de la table,
entouré de pierres et de feuilles colorées, de la plume d'un geai
bleu et d'un morceau d'écorce de bouleau – les trésors qu'il avait
amassés durant la semaine. Les serviettes étaient pliées, chaque
couvert était à sa place, les assiettes et les verres étaient
soigneusement disposés sur les napperons. «Je crois que c'est
la fois où j'ai le mieux dressé la table», a simplement dit mon
fils. C'était le cas. Petit à petit, il avait trouvé le rythme. Il avait
appris à mettre la table avec amour.

*U*n musicien de jazz a dit un jour : «Si vous ne pouvez
trouver votre rythme, vous ne pouvez trouver votre
âme.» Rudolph Steiner, fondateur de la Waldorf School, croyait
que le rythme est la vie. Sans aucun doute, lorsque nous vivons
et travaillons en harmonie avec les autres, lorsque nos jours ont
une forme et un dessein qui se fondent dans un tout plus vaste,
lorsque nous nous sentons enracinés dans un lieu et en contact
avec l'univers naturel qui nous entoure, nous nous sentons en
confiance et en sécurité. Les enfants qui grandissent dans une
telle atmosphère savent ce que c'est que d'être ancrés en eux-
mêmes et de se sentir chez soi dans le monde.

Mais cela représente un défi pour nous tous que d'incorporer
le rythme à notre vie quotidienne. Pour ce faire, nous devons nous
consacrer à instaurer l'ordre et la routine, à adopter un rythme
plus lent et plus volontaire, à cultiver l'intention plutôt que de
nous laisser mener par les événements fortuits. Autrement dit,
nous devons développer un sens du rituel. Il y a à peine quelques
générations, l'activité humaine reposait, par nécessité, sur le
rythme du monde naturel : nous dormions lorsqu'il faisait noir,

nous nous levions avec le soleil, nous semions et moissonnions selon les saisons, des liens étroits s'établissaient entre le cosmos et la conscience humaine. La vie moderne a détérioré ce contact. Le rythme de nos sociétés s'est accéléré à un point tel que la vie de plusieurs est, en fait, arythmique – frénétique, angoissante, coupée de la nature et des autres. Pourtant, si nous voulons créer des vies familiales riches et qui aient du sens, nous devons trouver des moyens de rétablir le rythme dans nos vies.

Chaque journée a ses moments susceptibles de susciter mon respect… mais qui m'échappent, simplement parce que je suis pressée ou parce que j'ai la tête ailleurs. Les rituels sont comme des sentiers qui nous ramènent au rythme, à la pulsation universelle qui nous soutient tous. Là-bas, au bord du lac, libérés de nos horaires et de nos loisirs réguliers, toute la vie semblait nous inviter à la célébration. Le soleil couchant nous invitait à chanter chaque soir jusqu'à ce qu'il disparaisse derrière une cime lointaine; la pleine lune nous incitait à éteindre toutes les lumières et à nous raconter des histoires étranges; comme nous étions devenus intimes avec les oiseaux et les tamias qui partageaient nos clairières, il nous semblait tout naturel de leur apporter chaque matin des offrandes de noix et de petits fruits. C'étaient là les petits rituels qui conféraient un rythme à nos journées, qui donnaient forme et sens à la semaine que nous passions ensemble.

En ralentissant, nous devenons plus attentifs au gracieux arc que décrit une journée, des câlins endormis du matin jusqu'aux rituels du coucher qui marquent la tombée de la nuit. Le rythme ramène notre attention – doucement mais de manière constante – vers l'instant présent, vers le flux et le reflux des heures, des jours et des saisons, vers le refrain familier de notre âme. Lorsque nous commençons à célébrer la vie un moment à la fois, nous montrons à nos enfants que leur propre vie mérite aussi qu'on la contemple et qu'on la célèbre. Henry savait comment dresser une table avant que nous passions une semaine au lac, mais à cet endroit – sans motifs pour se précipiter d'une activité à l'autre – son propre sens du rituel et du cérémonial est devenu plus vif.

Bien sûr, ralentir le pas dans un chalet au bord d'un lac demande peu d'efforts – juste de s'ouvrir aux présents que nous apporte chaque journée. Le défi était de ramener ce rythme à la maison et de l'entrelacer avec les journées d'automne occupées qui nous attendaient. Trop souvent, je me vois accélérer et essayer d'en faire trop, en trop peu de temps. Mais les enfants trouvent de la satisfaction et de la force, non pas dans la batterie d'activités de la journée, mais dans la constance et dans le familier, dans la routine sans prétention qui donne sa forme à chaque jour. Cela m'incite donc à ralentir la cadence, à protéger notre routine et à préserver le rythme qui fait de notre famille ce qu'elle est.

*H*ier, le chaud soleil d'automne était une bénédiction, car les journaux prévoyaient du gel. Jack a couru d'un bout à l'autre du terrain, les bras tendus, attrapant des feuilles mortes dans sa casquette de base-ball. Puis, il a déployé sur le comptoir de la cuisine sa lumineuse récolte de feuilles arrachées par le vent, sélectionnant les plus parfaites pour les presser entre les pages de l'annuaire téléphonique et en choisissant d'autres qu'il a placées à la place de chacun sur la table du souper. Rituel, rythme, amour.

Une fois qu'on a commencé à voir notre vie au sein de notre propre famille comme une occasion de se développer spirituellement, les possibilités de croissance intérieure sont illimitées. La maison n'est désormais plus seulement un lieu où l'on mange et dort, mais une école pour notre âme et notre esprit. Chaque jour transmet ses leçons, et nos enfants et notre partenaire deviennent nos professeurs. Nous trouvons notre rythme et apprenons à nous harmoniser. Nous apprenons à se dorloter mutuellement et à veiller l'un sur l'autre, mais aussi à prendre soin de nos âmes. Nous apprenons à danser ensemble, comment diriger et quand suivre l'autre. Ce faisant, nous suscitons de petits et grands changements, car nos enfants, nourris par le rythme, seront peut-être un jour en mesure de guérir et de restaurer le rythme du monde.

Le rythme est notre pont entre l'esprit et la matière.
En traversant ce pont, nous passons
de l'inquiétude à la vénération.

LA VÉRITÉ

MES ENFANTS ADORENT les histoires, mais reconnaissent tout autant de valeur à la vérité. Au moment où le dragon est sur le point de s'approcher du château ou que la princesse va se piquer le doigt, ils m'interrompent invariablement avec la même question pressante : « Maman, est-ce que c'est *vrai*? » Qu'est-ce qu'une conteuse peut répondre à cela?

« Eh bien, dis-je parfois. J'ai moi-même entendu cette histoire il y a bien longtemps, et j'y ai toujours cru. » Ou, plus simplement et plus directement : « C'est la vérité vraie. » Les enfants n'ont pas de plus cher désir que de croire, et ils ont tendance à accorder plus de valeur aux histoires tirées de la « vraie vie ». Après tout, quelle est l'utilité de se laisser captiver par une histoire que votre mère a tout simplement inventée? Pourquoi s'en préoccuper?

D'un autre côté, il y a différentes sortes de vérités. Les contes de fées classiques ont survécu à travers les âges parce qu'ils renferment certaines vérités relatives à l'âme et à l'esprit humain ; les archétypes du bien et du mal, l'innocence et la connaissance sont d'une justesse intemporelle qui fait que les enfants y réagissent profondément. La jalousie démoniaque dans «Blanche Neige» ou la cruauté dans «Hansel et Gretel» peuvent nous répugner, mais nos enfants y reviendront toujours. Ils savent que ces histoires sont importantes et qu'ils y trouvent des vérités sur la nature humaine que nous avons souvent du mal à voir en face. J'ai lu quelque chose à propos d'un professeur qui se rappelait avoir rencontré une de ses anciennes élèves, maintenant une jeune femme de vingt-cinq ans. «Nous étions si déconcertés par ce que vous nous disiez», lui avait appris la jeune femme. Le professeur lui avait demandé pourquoi. «Eh bien, vous aviez l'habitude de nous raconter toutes sortes de merveilleuses histoires, avait répondu l'ancienne élève, et lorsque nous vous demandions si elles étaient vraies, vous répondiez : «On verra bien.» Mais, évidemment, nous savions tous qu'elles étaient vraies.»

La vérité est un sujet épineux. Lorsque les enfants demandent qu'on leur dise la vérité, peut-être que ce qu'ils nous demandent, en fait, c'est la permission de croire – permission que nous, parents, devons joyeusement concéder. Le monde matériel peuplera leur conscience bien assez vite. Entre-temps, il nous appartient de nourrir leur relation sentimentale avec le monde et toutes ses créatures, à l'inclusion de celles qui évoluent dans d'autres royaumes tels que l'imaginaire. Protégeons aussi longtemps que possible l'incommensurable capacité de nos enfants à prêter foi en l'extraordinaire.

Je me suis frottée à une telle foi lorsque mon aîné a perdu sa première dent. Probablement que la dent était tombée et avait disparu durant le souper, mais ce n'est qu'en brossant les dents d'Henry, au moment d'aller au lit, que je me suis rendu compte qu'elle n'était plus là. Quelle déception! Après tous ces jours passés à jouer avec sa dent, il n'avait rien à laisser à la fée des dents. J'ai suggéré qu'elle ferait peut-être montre de sympathie s'il écrivait un mot. « Ma dent est tombée aujourd'hui mais je ne la trouve pas, a dicté Henry. Je suis désolé que vous ne puissiez pas avoir ma dent. Je vais essayer de garder la prochaine pour vous. » Nous avons mis le mot sous son oreiller et je l'ai bordé. Tout à coup, pourtant, au moment où j'allais éteindre la lumière, il avait tout plein de questions à propos de la fée des dents. « Comment saura-t-elle que ma dent est tombée ? s'est-il inquiété.

– Ça, c'est le boulot de la fée des dents, ai-je dit. Elle le saura.

– Regardera-t-elle vraiment sous mon oreiller ?

– Bien sûr. »

Puis, avec un léger trémolo dans la voix, il a demandé : « Est-ce qu'elle va me toucher ? »

Celle-là était plus difficile. « Ne t'inquiète pas, ai-je dit en rassemblant toute mon assurance maternelle. Dors maintenant. La fée des dents va venir lorsque tout le monde sera endormi et demain tu trouveras un trésor sous ton oreiller. »

Un silence. Puis, d'une petite voix : « Est-ce que c'est magique ?

– Oui, ai-je murmuré sans une seconde d'hésitation.

– Je t'aime, maman », a dit mon fils avec toute l'affection que peut renfermer le cœur d'un garçon de cinq ans et demi.

J'en garde le souvenir après toutes ces années parce que je savais, même à ce moment-là, que c'était l'une des rares occasions où j'avais donné exactement la bonne réponse au bon moment. Tout ce que j'avais à dire était « oui ». Peut-être, en son for intérieur, d'une certaine manière, mon fils savait-il la « vérité », mais c'est l'idée de la magie qui lui a permis de s'endormir si facilement ce soir-là. Parfois, nous essayons de donner trop d'explications. Ou nous demeurons vagues dans le but de ne pas dire quelque chose qui n'est pas absolument vrai. Mais il y a une sorte de vérité qui n'a pas à être littérale ; il y a une vérité affective qui nous rend parfois de meilleurs services.

*M*aintenant, Jack revient de la maternelle avec les poches pleines de cailloux – qui n'attendent qu'à être transformés en or – et de miettes de sandwichs à laisser au-dessus de la cheminée pour le farfadet affamé qui sort de sa cachette chaque nuit pour prendre une collation en catimini. Jack nous fait rapport quotidiennement des progrès de sa dent branlante, impatient d'accéder comme son frère à la société des sourires édentés et des pièces de vingt-cinq cents sous l'oreiller. Mais je ne suis pas impatiente de le voir grandir. Pour le moment, je suis heureuse de le laisser raviver mon propre sens de la magie et du merveilleux. Le fait de vider ses poches au-dessus de la machine à laver le soir me rappelle les possibilités sans fin qu'il entrevoit devant lui en faisant chaque jour son chemin dans le monde et me fait songer à la magie qu'il tient encore pour vraie.

Lorsque j'honore la foi de mon enfant en la magie
je prolonge le domaine du possible.

AIDER

ETTE ANNÉE, LE premier vrai froid d'automne s'est abattu sous la forme d'une pluie d'octobre qui a duré six jours. Les dernières tomates de la saison sont tombées des plants avant même que j'aie le temps de les cueillir, molles et gorgées d'eau, nourriture pour les fourmis. Les cosmos et les tournesols, dernières offrandes de l'été, ont été vaincus durant la nuit, écrasés par la pluie et le vent. Le chat, qui rôde dehors depuis mai, m'est passé entre les jambes et s'est rué à l'étage pour établir ses quartiers d'hiver au milieu des coussins du lit de la chambre d'invité. Toute la semaine, les enfants ont fait sous la pluie le chemin de la maison à l'école et de l'école à la maison, en laissant chaque après-midi leurs bottes détrempées et leurs imperméables empilés près de la porte. Aussitôt rentrés, ils montaient directement à l'étage à la recherche de leurs chauds chandails en molleton et de pantalons confortables. Lorsque samedi est arrivé, nous en avions assez de lutter contre les éléments. L'été était bel et bien terminé. Le temps était venu de cuire du pain.

Les médias nous disent que cuisiner est un travail ingrat. Quelle meilleure façon de vendre de la nourriture rapide et des repas prêts à servir que de nous convaincre de rester loin de la cuisine ? Ou du moins d'y entrer et d'en sortir très rapidement ! Mais les enfants en savent plus que nous. Ils sont attirés instinctivement vers la chaleur de l'âtre et des choses magiques qui s'y trament. Si vous êtes devenus rouillés en cuisine, tendez simplement votre cuiller de bois à l'enfant le plus près de vous et demandez-lui de l'aide. Vous voulez retourner des crêpes ? Vous avez besoin que quelqu'un casse un oeuf pour vous ? Ils sont enchantés de proposer leurs services, car ils savent, bien sûr, que cuisiner, c'est jouer. Le plus beau de l'histoire, toutefois, c'est qu'il s'agit d'un jeu qui résulte en quelque chose de bon à manger. Sans contredit, apprêter des restes est l'un des plus simples plaisirs de l'enfance – et aussi la source d'un grand sentiment d'accomplissement. Même un enfant de cinq ans peut tirer de la fierté de sa faculté de se nourrir et de nourrir les siens.

La plupart des enfants se meurent de vous aider – que ce soit dans la cuisine, dans la cour ou pour les tâches triviales de la vie en famille. Souvent, je suis tentée de repousser l'offre impatiente de mes fils voulant m'aider, simplement parce que, la plupart du temps, c'est plus *facile* de faire les choses moi-même. Mais je nous prive alors d'une belle occasion de grandir. Alors, j'essaie de les laisser essayer. Jadis, le travail était une composante de la vie des enfants. Il y avait assez de corvées pour occuper tout le monde, alors on s'attendait à ce que les enfants mettent la main à la pâte aussitôt qu'ils en étaient capables. De nos jours, c'est un véritable défi que de simplement trouver du travail que les enfants peuvent exécuter, car notre vie s'accomplit de plus en plus sans que nous ayons à lever le petit doigt. Pourtant, le jeu en vaut encore la chandelle, puisque n'importe quel travail significatif bâtit chez l'enfant une conscience des besoins de l'autre et une confiance en ses propres capacités.

Si nous vaquons à nos propres tâches dans la joie et dans le souci du travail bien fait, nos enfants grandissent en apprenant à être fiers de leur travail. Ils en viendront à aimer les défis que la vie dressera devant eux plutôt que de chercher à les éviter. Si nous nous acquittons de nos corvées avec le cœur léger, nos enfants apprennent que le travail peut être un jeu. Si nous nous chargeons nous-mêmes des besognes quotidiennes qui ponctuent notre vie plutôt que de payer quelqu'un pour le faire à notre place, nos enfants apprennent de nos efforts et deviendront eux-mêmes des adultes compétents.

Le travail, c'est l'amour rendu visible, dit un vieux proverbe. Je balaie le plancher de la cuisine chaque matin après que mes fils sont sortis l'un derrière l'autre ; j'observe Jack pousser la tondeuse, ses petites mains entre les grosses mains de son père ; je confie à Henry la tâche de faire les gaufres du matin, et tout cela me rappelle la vérité de ces mots. Nous voilà travaillant ensemble pour le plus grand bien de tous, vivifiés par nos efforts, apportant la grâce dans notre maison.

Mes fils savent que j'adore cuisiner, alors ils aiment cela, eux aussi. La cuisine est au cœur de notre vie familiale, c'est l'endroit où les âmes comme les estomacs se nourrissent, où la domesticité et la spiritualité sont inextricablement liées. Ici, peut-être plus que dans n'importe quelle autre pièce, nous pouvons trouver le divin dans l'ordinaire. Les enfants le font intuitivement. Ils s'émerveillent devant les mécanismes du moulin à poivre ; ils font la queue pour appuyer sur les boutons du batteur électrique ; ils sont fascinés par les transformations qui se produisent sur la cuisinière. Comme Jack aime à me le faire remarquer : «Une marmite qu'on surveille *se met* à bouillir !» Lorsque mes garçons ou moi avons eu une mauvaise journée, le travail à la cuisine semble nous remettre d'aplomb. Ici, nous créons des plats magnifiques et nous nous les servons les uns aux autres. Puis, toujours en faisant équipe, nous redonnons à la pièce sa propreté, son ordre et son harmonie.

*L*e pain est particulièrement gratifiant parce qu'il nous invite – enfants comme adultes – à y plonger jusqu'aux coudes, à y patauger tout notre soûl. Il n'y a pas deux fournées qui prennent tout à fait la même allure – pourtant l'alchimie infaillible de la levure, de l'eau, de la farine et du sel est une perpétuelle source de fascination. Si votre enfant, garçon ou fille, est assez vieux pour verser de la farine dans un bol, il est assez vieux pour cuire du pain.

Quel plaisir on éprouve, après des mois d'allées et venues estivales, de passer un tablier, de sortir les bols à mélanger et de s'installer dans les rituels réconfortants de la cuisson du pain ! Parfois, je me demande si j'expose suffisamment mes enfants au monde extérieur – les derniers événements thématiques au musée des sciences, le diaporama sur la vie dans le désert présenté à la bibliothèque, l'atelier de confection de masques du service des loisirs. Ils sont tellement sollicités, il y a tant à faire et à découvrir. Mais ce que je vois me comble : Jack a saupoudré, avec amour, de la cannelle et du sucre sur un carré de pâte à pain et le tapote pour qu'il prenne la forme d'une brioche miniature ; Henry a, de son propre chef, décidé de s'armer du balai et du porte-poussière et a commencé à balayer la farine sur le plancher. Les fenêtres de la cuisine sont embuées par la chaleur que dégagent nos efforts. Le pain est prêt à mettre au four. Un jour comme celui-là, nous ne nous sommes pas précipités hors de la maison. Nous y sommes plutôt restés et avons travaillé et joué dans cet endroit où il fait bon être.

*M*a recette de pain préférée me vient de mon amie Peyton. Une vieille dame la lui a donnée. Au-delà de cette information, je ne peux retracer d'où elle vient. Mais je garantis les résultats, car je ne l'ai jamais vue manquer de satisfaire l'impulsion créatrice d'un enfant, pas plus qu'un estomac vide. Cette pâte à pain n'a pas besoin d'être pétrie, mais elle ne souffrira pas d'un tel traitement si le cœur vous en dit. Elle donnera un pain tout à fait acceptable si vous la laissez lever une seule fois, mais elle n'en sera que plus heureuse si vous l'abaissez deux ou trois fois et lui faites passer la nuit au réfrigérateur, au besoin, avant de la cuire. En un mot, c'est un pain qui nous pardonne nos petites erreurs, ce qui en fait le pain parfait à confectionner avec des enfants. Nous l'appelons le pain «miracle», car il est toujours bon. Cette recette donne sept pains – trois que nous mangeons, trois que nous donnons à des amis qui le méritent et un que nous mettons de côté pour le dévorer au sortir du four, brûlant et nappé de bon beurre et de miel.

Pain « miracle »

Mélangez dans un très grand bol :
60 ml (4 cuillerées à soupe) d'huile de canola (ou colza)
60 ml (4 cuillerées à soupe) de miel
45 ml (3 cuillerées à soupe) de sel (je préfère le sel de mer)

Ajoutez :
2 l (8 tasses) d'eau chaude et
30 ml (2 cuillerées à soupe) de levure

Mélangez et laissez reposer 5 minutes, jusqu'à ce que la levure soit dissoute.

Incorporez :
1,75 l (7 tasses) de farine blanchie
1,75 l (7 tasses) de farine de blé entier
500 ml (2 tasses) de flocons d'avoine (ou, si vous préférez, n'importe quelle combinaison de farine de soja, de farine de riz, de germe de blé, d'avoine ou de son)

Lorsque la pâte est bien mélangée (utilisez vos mains ou une cuiller de bois), mettez la moitié de la préparation dans un autre grand bol huilé, couvrez les deux bols avec un linge et laissez la pâte lever jusqu'à ce qu'elle ait doublé de volume (environ 1 1/2 heure). Ensuite, vous pouvez pétrir la pâte, la diviser en pains et la répartir dans sept moules graissés. Ou vous pouvez pétrir la pâte et la laisser lever encore un peu dans les bols. Assurez-vous simplement que vous pétrissiez bien après l'avoir laissé lever. Laissez le pain lever une dernière fois dans les moules. Cuisez les pains à 205 °C (400 °F) durant approximativement 40 minutes ou jusqu'à ce que les pains sonnent creux lorsque vous les tapotez, en veillant à faire une rotation des pains dans le four au bout de 20 minutes de cuisson afin qu'ils dorent uniformément.

*P*our des enfants qui sont simplement d'humeur à mettre la main à la pâte, ou quand vous n'avez pas le temps de laisser lever la pâte, la recette de bretzel qui suit donne des résultats étonnants. Nous en faisons souvent lorsque les amis des garçons viennent jouer à la maison – le projet entier est complété en une heure, et on a alors des collations à manger sur place ou à rapporter à la maison. Les enfants adorent façonner ces petits morceaux de pâte pour en faire des lettres, des serpents et toutes sortes de formes fantaisistes.

Bretzels de toutes les formes

Dans un grand bol, laissez dissoudre 15 ml (1 cuillerée à soupe) de levure dans 125 ml (1/2 tasse) d'eau chaude.

Ajoutez :
15 ml (1 cuillerée à soupe) de miel
15 ml (1 cuillerée à soupe) de sel

Ajoutez :
375 ml (1 1/2 tasse) de farine

Pétrissez la pâte, puis divisez-la en parties égales que vous donnerez à quatre enfants et laissez-les s'en occuper à leur manière. Ils peuvent rouler de petits morceaux pour en faire des serpents, puis en faire des formes ou des lettres. Disposez les formes sur une tôle à biscuit, badigeonnez légèrement avec un œuf battu et saupoudrez de gros sel. Cuisez durant 10 minutes à 220 °C (425 °F).

De la farine sur les mains, nous apprenons les joies
du travail et le doux art de se nourrir
dans notre propre foyer.

LA DISCIPLINE

*J*E N'AURAIS PAS voulu que quiconque soit témoin de
ce qui s'est passé entre mon fils Jack et moi ce
matin. En ce moment, quelques heures plus tard, il est à l'école
et je lutte encore intérieurement, souhaitant pouvoir recommencer
cette journée d'un meilleur pied. Il serait certainement plus facile
pour moi d'écarter un incident si malheureux de mes réflexions
sur l'art d'être mère, ce métier de l'âme. Oui, il m'arrive de faire
fausse route. Cela nous arrive à toutes. Je vais donc inclure cet
épisode à côté des moments bénis, car, en vérité, la vie quotidienne en compagnie de nos enfants est faite de ces deux
aspects – des moments sombres et des moments lumineux. Et
c'est lorsque nous sommes confrontés à nos propres défauts, et
à ceux de nos enfants, que nous parvenons à de véritables prises
de conscience.

Il m'est facile de parler des moments merveilleux que je
connais en tant que mère ; ces moments sont si nombreux. Il
m'est facile aussi de compatir avec une amie à propos des
caprices de nos enfants et de nos maris, au sujet de nos journées
trop chargées et de nos nuits trop courtes – tout cela est un

territoire familier, où je me sens à l'aise. Mais la rage et la discipline, la lutte pour conserver son identité, même lorsque l'on pratique l'art du sacrifice et de la maîtrise de soi, voilà un terrain glissant, où il est difficile de naviguer. Il nous est pénible de le sonder, et encore plus d'en discuter.

Mon mari et moi avons convenu, il y a longtemps, que nous n'allions pas frapper nos enfants, que nous n'utiliserions aucune forme de violence, que ce soit pour les éduquer ou pour les punir. Et nous avons essayé de respecter cette promesse. Cependant, cela ne veut pas dire que nos enfants ont toujours droit au meilleur de nous. Tout comme nos enfants ont fait jaillir de nous ce que nous avions de mieux à offrir, ils nous ont confrontés aux facettes de notre personnalité auxquelles nous aurions préféré ne pas du tout faire face.

*A*u moment où Jack est descendu déjeuner ce matin, le reste de la famille avait déjà terminé. Alors qu'il ne restait que cinq minutes avant l'heure où nous devions franchir le seuil de la porte, il ne montrait aucune hâte. Il a étendu ses cartes de base-ball sur la table, s'est amusé avec son yo-yo, s'est plaint de la chemise qu'il devait porter pour aller à l'école, tout en faisant la sourde oreille quand je lui ai demandé de s'asseoir et de manger ses céréales. Quand j'ai vu que nous allions être en retard, j'ai perdu patience. Il refusait de s'asseoir, il refusait de manger. D'un geste brusque, je l'ai assis sur sa chaise, j'ai pris une cuillérée de gruau et je l'ai placée devant sa bouche. Mon fils s'est alors mis à hurler à pleins poumons, rien ne retenant son cri perçant. Tout au fond de moi, la fibre maternelle élimée s'est cassée. Sans réfléchir, j'ai mis une main sous son menton et un autre sur le dessus de la tête, et j'ai fait claquer sa mâchoire pour qu'il se taise. Quand il a ouvert de nouveau la bouche pour se remettre à crier, j'ai aperçu sur sa langue une petite tache de sang provenant de la morsure qu'il s'était faite à l'intérieur de la joue. Il était outré, blessé, le regard ébahi de douleur et d'incrédulité. Et du coup, voilà que je me retrouvais confrontée à mon propre échec. Qui de nous deux avait besoin de discipline après tout, lui ou moi ?

La réponse, je le sais, c'est « moi ». Je me suis emportée et, involontairement, j'ai blessé mon enfant. En ce moment, alors que je suis assise ici, je suis donc moins troublée par son comportement inacceptable que par le mien. Je soupçonne qu'il n'y a pas au monde de solitude plus douloureuse, et remplie de honte, que celle qu'éprouve une femme qui vient de blesser son propre enfant… sauf peut-être la solitude du petit enfant qui a souffert sous la main de sa mère. Nous pouvons créer un enfer en l'espace d'un instant, et nous nous retrouvons nez à nez avec le diable qui est en nous.

« Il doit apprendre que ses actions ont des conséquences », m'a rassurée ma propre mère quand je l'ai appelée une heure plus tard, encore tremblante. « Même les parents peuvent parfois perdre la tête et avoir le goût de frapper. »

Elle avait raison, bien sûr, mais ses paroles n'ont pas réussi à m'apaiser. Le fait est que cela n'aurait pas dû arriver, et ne serait probablement *pas* arrivé si je n'avais pas moi-même été brouillée avec le monde ce matin. J'aurais sans doute pris Jack en main plus tôt et complètement évité l'explosion – ou du moins j'aurais été mieux disposée pour y faire face lorsqu'elle se serait produite – si j'avais été attentive et proche de mes émotions, plutôt que distraite et tendue. Je n'excuse pas sa conduite ni la mienne, mais je sais par contre que tout cela n'est pas venu de nulle part. J'ai un horaire serré aujourd'hui, une réunion ce soir, et demain, une entrevue qui m'empêche déjà de dormir. Jack, en fidèle petit baromètre émotionnel qu'il est, a simplement exprimé ce que je ressentais déjà à l'intérieur de moi. Une autre journée, à un autre moment, je l'aurais amené à sortir de sa flânerie et de ses jérémiades avant l'escalade et le dérapage. Aujourd'hui, nous

nous sommes chacun laissés emporter par des vagues de colère qui nous ont pris tous les deux par surprise.

Il y a deux ans, j'ai confié à l'une des éducatrices de la maternelle que fréquentait Jack que je me sentais bien mal outillée pour faire face aux défis que celui-ci me posait sur une base presque quotidienne. «Mon plus vieux est tellement facile, lui ai-je dit. Il ne nous cause jamais aucun souci.

– Eh bien, a répliqué joyeusement l'éducatrice de Jack, Henry vous apprendra peu de choses sur vous-même, mais vous pouvez être certaine que Jack vous en apprendra beaucoup.»

Elle n'avait pas entièrement raison, car le fait est que j'ai appris une énorme quantité de choses de mes deux enfants. Des leçons différentes mais d'égale valeur que m'ont données deux tempéraments très différents. Mais il est vrai que Jack – dix-neuf kilos d'esprit, de vulnérabilité, de curiosité et de pure énergie vitale – a été mon professeur le plus exigeant, exposant toutes mes faiblesses et m'obligeant à développer un courage encore plus grand. Avec sa façon de se précipiter tête baissée et passionnément dans la vie, il m'a montré jusqu'où exactement je suis capable d'aller, le seuil au-delà duquel je n'ai plus de patience, là où je risque de perdre mon calme, où se trouvent véritablement mes dernières extrémités. Il m'a enseigné que si je voulais instaurer la discipline avec amour et efficacité, je devais d'abord être en mesure de me maîtriser moi-même. J'apprends donc l'autodiscipline en même temps que lui. Il vient chercher chez moi une force intérieure que je ne possède pas toujours. Je fais donc des efforts pour garder pied, car j'ai appris que ma propre assurance tranquille et mon inébranlable confiance en sa bonté ont sur lui un effet incroyablement plus grand que n'importe quelle colère. Il exige de moi un niveau de stabilité émotionnelle dont je ne jouis pas toujours. J'ai donc eu à fouiller au fond de moi pour trouver mes propres ressources.

Si Henry, dans sa loyauté et sa douceur, a fait jaillir de moi de nouvelles sources de tendresse, Jack, dans sa lutte pour

acquérir une maîtrise de soi, m'a rappelé de son côté que la discipline est une voie à double sens et qu'avant d'agripper fermement mon enfant en furie, je devais d'abord faire appel à mon
propre sang-froid et à mes propres forces intérieures. Je n'y
parviens pas toujours. Mais j'ai appris que lorsque je «perds
patience» – et je sais que cela arrive à tout le monde à l'occasion –, c'est généralement parce que je n'ai pas pris le temps de
ralentir et d'être attentive à ce qui se passe en moi. Quand je reste
en contact avec mes propres émotions – quand je suis entièrement présente et consciente de ce qui se trame sous la surface –,
je suis réinvestie de toute la patience, de l'humour, de l'intuition,
de l'amour et de la force requises pour établir une discipline
efficace.

*L*a colère ne nous dépossède-t-elle pas du meilleur de
nous-mêmes quand, pour une raison ou une autre, nous
nous sentons trop faibles ou troublées pour faire face à une situation? Ou quand nous nous sentons effrayées, dépassées ou tout
bonnement exténuées? Bien sûr, nous ne sommes que des êtres
humains, et il a des moments où toute personne – enfant ou
adulte – se sent dépassée. L'enjeu, alors, n'est pas de savoir si
nous pouvons modeler nos enfants de manière à ce qu'ils
répondent à nos attentes, mais de savoir si nous pouvons apprendre à traverser les hauts et les bas de la vie sans perdre nous-
mêmes le nord. Quand nous inculquons la discipline par
l'exemple plutôt que par la force, nous transmettons à nos enfants
un message précieux, susceptible de les rendre plus forts : «Fais
comme moi.»

Au fond de lui, Jack veut vraiment être meilleur, mais il est
aussi têtu et instable, souvent à la merci de ses émotions. Ce dont
il a le plus besoin, ce n'est pas d'une tempête d'émotions aussi
déchaînée, mais exactement du contraire, d'un exemple vivant

du type de force et de clarté qui finira par lui montrer comment utiliser sa propre énergie de façon constructive. Les enfants ont besoin de limites claires quand ils font l'apprentissage de comportements socialement acceptables, mais ils ont aussi besoin d'être exposés à l'art de la maîtrise de soi. Où mes enfants apprendront-ils à trouver un répit sous la pression, si ce n'est ici même, au sein de leur propre foyer?

À mes yeux, l'autodiscipline va de pair avec une vie saine et équilibrée – et cela comprend la capacité de savoir comment prendre soin de moi-même quand la pression monte. Les dates de tombée, les horaires trépidants et les enfants grognons font partie de la vie. J'ai beau essayer d'empêcher que nos journées soient trop remplies, ce n'est pas toujours possible. Parfois la vie exige simplement que l'on se surmène, ne serait-ce que pendant une semaine ici et là ou pendant un jour ou deux. Ce sont les moments où je peux le moins me permettre d'ignorer mon propre état intérieur, car dans ce cas mon mari et mes enfants en paient le prix.

Être des parents attentionnés suppose que l'on s'accorde du temps de réflexion. Toutefois, plusieurs d'entre nous ne trouvent pas dans leur vie assez de temps pour réfléchir. Il nous faut créer ce temps. Même quelques instants de calme et de solitude en début de matinée peuvent me permettre d'asseoir les bases d'une journée issue du cœur, faite de vie et d'amour. Quand je retrouve mes enfants, ma conscience est alors plus vive, puisque j'ai déjà fait le tri parmi mes propres besoins et priorités, et atteint un certain équilibre intérieur. Évidemment, les jours où il me semble impossible de prendre ce temps pour méditer sont ceux où j'en ai le plus besoin! Mais j'apprends – l'autodiscipline n'est pas en soi un accomplissement, mais une pratique continue qui s'échelonne tout au long de la vie et qui me pose chaque jour de nouveaux défis. Heureusement, j'ai une merveilleuse motivation pour continuer d'y travailler, car je me rappelle à moi-même que ce n'est pas ce que je fais en tant que mère mais plutôt ce que je *suis* en tant qu'être humain qui laissera l'empreinte la plus profonde et la plus durable chez mes enfants. Je ne peux apporter la paix à mes enfants que si elle est en moi.

Avant que Jack parte pour l'école ce matin, nous avons construit un pont entre nous deux. Je me suis agenouillée et je l'ai attiré vers moi. « Je suis désolée, lui ai-je dit. Je me suis mise en colère et je t'ai fait mal, et maintenant nous nous sentons tristes tous les deux.

– Nous *sommes* tristes, a-t-il répliqué en pleurant, et tu n'aurais pas dû faire ça. Et je suis désolé, moi aussi. »

Après notre bataille, nous avons soigné les blessures. Des excuses sincères exigent aussi de l'autodiscipline, et une fois sortis du chaos matinal, nous avons dégagé un espace pour le repentir et le pardon. Quand, après avoir séché ses larmes, Jack est finalement parti pour l'école, il a laissé tout cet épisode derrière lui. Il a enfoncé sa casquette de base-ball rouge sur sa tête, a tendu ses lèvres vers moi, m'a embrassé et a filé. Cependant, tandis que j'écris ces mots, j'ai encore du chagrin pour mon fils et pour moi, car je sais que, malgré tous nos efforts, notre avenir ensemble nous réserve encore d'autres peines, d'autres larmes, d'autres leçons difficiles pour tous les deux. Dans un journal qu'elle a écrit alors qu'elle avait plus de quatre-vingts ans, Florida Scott-Maxwell observait que « Quel que soit notre âge, l'amour prend tout ce que nous avons. » C'est bien vrai.

Ce n'est pas ce que je fais en tant que mère
mais plutôt ce que je suis en tant qu'être humain
qui laissera l'empreinte la plus profonde et la plus
durable chez mes enfants. Quand j'inculque la
discipline à mes enfants, je dois faire preuve
moi-même de discipline.

DÉPLOYER SES AILES

HENRY M'A CONFIÉ la responsabilité de l'éclairage. Aussitôt qu'il est monté sur scène – l'espace devant le sofa du salon –, j'ai tourné le variateur de lumière à sa position maximale puis je suis allée le rejoindre sous le projecteur.

Plus tôt dans l'après-midi, tandis que nous pratiquions nos simples duos, moi à la flûte à bec et lui à la guitare, il m'a demandé «Maman, est-ce que c'est ton premier concert?

– Ouais, ai-je répondu, mon tout premier.

– Tu n'as jamais joué de la musique quand tu étais petite fille?» a-t-il insisté, incrédule.

Selon mon souvenir, mes aspirations musicales ont connu une fin abrupte au début de ma deuxième année d'école, le jour où un vieux monsieur avec des cheveux gris en broussaille, vêtu d'une chemise blanche et d'un complet noir poussiéreux, est apparu dans notre classe. M. Kertez, avec son air profondément et inexplicablement navré et un accent qui figeait les enfants dans une attention intimidée, était venu passer en revue la nouvelle récolte d'étudiants potentiels. Il avait fait le tour des bureaux, en demandant à chacun de se lever, à tour de rôle, et de chanter la gamme. Ceux qui chanteraient avec justesse le «do-ré-mi» allaient retourner chez eux avec une note les invitant à commencer des leçons de violon. M. Kertez se tenait à côté de mon bureau, penché vers moi, en hochant lentement la tête, tandis que je m'imaginais dans la peau de Julie Andrews, chantant avec une pureté et une douceur qui allaient sûrement me mériter les leçons de violon. «Non, non, non», a-t-il murmuré tristement, en passant au bureau suivant et à Karen Talarico, qui se révéla capable de chanter juste. Voilà, c'en était fait.

Comme les enfants sont facilement stoppés dans leur parcours – par la critique d'un professeur, les moqueries d'un autre enfant, une remarque désinvolte d'un parent, le commentaire irréfléchi d'un ami! Moi-même, avant la fin de l'année de mes neuf ans, j'avait été étiquetée comme un rat de bibliothèque incapable de chanter, de dessiner ou de lancer une balle. J'ai donc lu des piles de livres, gardé ma bouche fermée en public et arrêté de faire bouger mon corps.

En tant que mère de deux garçons, toutefois, j'ai soudain été forcée de me départir de mon identité usée et de reprendre mon parcours d'apprentissage. Mes enfants avaient besoin de berceuses et, plus tard, de quelqu'un pour jouer à la balle avec eux. À mon grand étonnement, j'ai découvert que j'avais effectivement des chansons à chanter et que je lançais la balle de façon tout à fait acceptable. Il y a quelques mois, Henry, qui a hérité de mon absence d'inclination naturelle pour l'athlétisme, a décidé qu'il voulait essayer les patins à roues alignées, et qu'il voulait que je l'accompagne. «Maman, a-t-il dit fermement, tu as presque quarante ans! C'est sûr que tu peux le faire! Moi j'essaie, et j'ai seulement neuf ans!» Il y avait du vrai dans ce qu'il disait.

Quand nous sommes arrivés au patinodrome Wal-Lex, la sono jouait à pleins tubes Village People. La musique de mon lointain passé. J'ai agrippé le bras de mon fils et avancé en chancelant jusqu'à la piste, en pensant avec inquiétude à l'ostéoporose. Lentement, petit à petit, j'ai fait le tour du patinodrome, tandis qu'Henry prenait de la vitesse et passait maître dans l'art d'arrêter sans tomber. Cependant, une heure plus tard, quand le DJ a fait jouer *Blue Suede Shoes*, j'étais prête moi aussi à couper les amarres. Nous nous sommes éclatés. Et une chose m'a soudain frappée… mon fils m'avait poussée à essayer quelque chose de nouveau, tout comme je le pousse moi-même tous les jours de sa vie, que ce soit à jouer de la guitare, à apprendre à nager, à faire ses propres appels téléphoniques, à apprendre l'espagnol et les divisions complexes.

Nos enfants sont constamment au front, à faire face à de nouveaux défis, tandis qu'ils essaient de trouver comment se frayer un chemin dans le monde. Pendant ce temps, nous, les parents, avons tendance à nous encroûter, en faisant ce que nous savons le mieux faire : travailler, faire la navette entre le travail et la maison, souper, aller au lit, pour se lever le lendemain matin et recommencer la même chose. Nous nous organisons pour que tout le monde ait l'estomac plein, soit bien propre et à l'heure – et ce faisant nous enseignons à nos enfants comment devenir des adultes responsables. Mais peut-on dire que ce modèle est inspirant ? Et est-ce vraiment ainsi que chacun de nous désire vivre, coincé dans une zone de confort ? L'autre matin, alors que je pressais Jack de se hâter et de mettre ses souliers pour ne pas être en retard à l'école, il a levé la tête vers moi et m'a demandé, le plus sérieusement du monde, « Maman, est-ce que c'est amusant être un parent ? »

J'ai une amie qui affirme que le vrai travail d'un enfant est d'éduquer le parent. Mes deux fils font certainement de leur mieux en ce sens avec moi. Et j'apprends. En les observant se débattre pour maîtriser de nouvelles habiletés – que ce soit lacer ses souliers, dribbler ou écrire en cursives –, je me sens inspirée et cela m'aide à repousser un peu plus loin mes propres limites, à prendre de petits risques dans le but de récolter beaucoup, notamment la joie d'apprendre quelque chose de nouveau. Le fait est que, si ce n'était de mes fils, je n'aurais jamais chaussé une paire de patins à roues alignées au tournant de la quarantaine ; je n'aurais pas défié M. Kertez après toutes ces années silencieuses en me mettant à la flûte à bec ; je n'aurais pas passé la dernière fin de semaine à lire des piles de livres sur l'électricité (les questions de Jack allaient au-delà de mes connaissances) ; je ne me serais jamais crue capable de fabriquer une armure complète à l'aide d'une boîte de carton et d'un rouleau de papier d'aluminium ; et je ne serais très certainement pas l'intrépide gardienne de but que je suis aujourd'hui devenue. J'aurais été privée d'une quantité de choses !

J'ai trouvé que mes enfants étaient beaucoup plus tolérants devant mes limites athlétiques, musicales et artistiques que mes pairs ne l'étaient il y a trente ans. Et quand ils me voient envoyer le ballon de soccer dans le mauvais but ou quand ils m'entendent rejouer tant bien que mal *Oh, Susannah* pour la énième fois, ils réalisent qu'il y a une valeur dans le processus lui-même et que l'on peut s'amuser sans que tout soit parfait. Comme l'a dit Voltaire, « Le mieux est l'ennemi du bien ». Maintenant que j'ai grandi, j'ai finalement réalisé que je ne suis pas tenue d'être la « meilleure » en quoi que ce soit. Je peux chanter, courir ou peindre simplement pour le plaisir. Cela a été une bonne leçon pour moi et aussi pour mes enfants. Nous nous inspirons mutuellement.

C'est ainsi que, hier soir, j'ai donné mon tout premier concert… devant un public élogieux composé de deux personnes, mon mari et mon fils de six ans. « C'est la première fois que maman joue de la musique pour quelqu'un, a expliqué Henry en guise d'introduction, et elle est un peu nerveuse. Mais je sais qu'elle va bien s'en tirer. »

J'encourage mes enfants à essayer de voler de leurs propres ailes chaque fois que je déploie les miennes.

NOURRIR

*J*E PARLAIS RÉCEMMENT avec une vieille amie pleine de sagesse qui écrit depuis dix-huit ans une chronique hebdomadaire sur sa vie familiale. En se rappelant sa propre enfance, elle a fait remarquer : «C'est drôle, n'est-ce pas, de penser que, autrefois, les événements marquants dans la vie d'un enfant consistaient généralement à recevoir pour son anniversaire une bicyclette rutilante, ou bien cette poupée longtemps désirée ou encore un magnifique livre. Les moments de tranquille solitude, les instants d'intimité avec un parent ou ces minutes simplement passées ensemble en famille n'avaient rien de spécial – toutes ces choses faisaient partie de la vie de tous les jours. Maintenant, toutefois, les enfants sont submergés de choses, et ils croient que toute cette abondance matérielle leur est due. Tous les enfants ont une bicyclette. Si un enfant perd un jouet, ou s'il brise quelque chose, il ou elle s'attend à en obtenir un nouveau. Les enfants considèrent les biens qu'ils possèdent comme allant de soi. Mais ces moments paisibles qui faisaient auparavant partie de la vie quotidienne d'une famille sont devenus rares et précieux. »

Ses paroles ont immédiatement trouvé un écho en moi. Mes deux enfants n'ont plus rien à désirer – notre cour est une véritable piste de course à obstacles parsemée de bicyclettes, de ballons de soccer et de basket, de balles de base-ball, de bâtons de hockey, de buts et de balançoires… En cette époque de magasins de rabais, de soldes et de ventes de garage, il est relativement facile, même pour des parents qui n'ont pas beaucoup de moyens, de procurer aux enfants tout l'attirail typique de l'enfance. Il est facile de donner des « choses ». Il est plus difficile, cependant, de se donner soi-même. Nous ne pouvons acheter du temps au magasin ni acquérir les heures libres d'une autre personne à la vente de garage du voisin.

La plupart des mères que je connais ont l'impression qu'elles devraient passer plus de « temps privilégié » avec leurs enfants. Nous aspirons aussi à nous sentir dans une relation plus profonde, peut-être même plus spirituelle, avec nos amis, avec la nature, avec la terre qui se trouve sous nos pieds. En même temps, nous désespérons de trouver ces moments de liberté dans le cours de nos journées fort occupées. Nous formons des familles où les deux parents travaillent et nous fonctionnons à plein régime. Est-ce que les heures passées en covoiturage, à faire la navette entre les activités extrascolaires, ou passées à superviser les devoirs comptent comme du temps vraiment passé ensemble ? Est-ce qu'une course de trois miles avant le travail constitue une relation avec la nature ? Est-ce qu'un coup de téléphone hebdomadaire suffit à soutenir une amitié ? Nos obligations et notre routine semblent remplir tout le temps libre que nous avons à consacrer à nos enfants et à nous-mêmes. Mais ni eux ni nous n'en ressortons nécessairement avec l'impression d'avoir été nourris sur le plan affectif.

Dans son livre serein et inspirant intitulé *The Way Back Home*, Peggy O'Mara, directrice du magazine *Mothering*, souligne que « Tout ce qui est vraiment important est invisible : l'amour, Dieu, l'air. » Les mères qui essaient de faire passer la famille en premier, suggère-t-elle, jouent le rôle le plus noble qui soit de nos jours, car elles s'occupent de l'invisible. S'occuper de l'invisible exige certainement que nous nous concentrions sur autre chose, en éloignant notre attention du monde matériel dans lequel nous habitons tous pour l'investir dans le domaine de l'esprit. Dans mon cas, cet ajustement n'est pas une seconde nature ; il exige que j'effectue un virage délibéré, non seulement par rapport à la culture populaire dans son ensemble, mais aussi par rapport aux responsabilités bien définies de ma vie quotidienne. Cela me demande une volonté de répondre à un appel beaucoup plus faible, un appel facile à ignorer ou à ne pas entendre du tout, compte tenu du bruit qui entoure la vie familiale moderne.

Quand le courrier non ouvert s'accumule autour de mon bureau, quand le panier à linge déborde, quand une date de tombée se dresse à moins d'un mois à l'horizon, je n'ai même pas besoin de consulter ma liste des choses à faire – les choses à faire sont juste là, sous mon nez. La seule question est de choisir à quelle tâche m'attaquer en premier. Je m'enorgueillis d'être une personne productive et bien organisée : des draps propres sur les lits, des enfants propres entre ces draps, de la nourriture dans le frigo et de l'argent à la banque… En tant que bonne Yankee descendante de souches de cultivateurs de la Nouvelle-Angleterre, je sais comment utiliser chaque heure au maximum ; dans ma famille, la bonté et la valeur d'une personne sont le résultat d'un dur travail. Plus vous êtes levée tôt et prête à commencer votre journée, meilleure vous êtes. Mon père, dans la soixantaine, se lève encore avant l'aube et fait un peu de jardinage dans la cour avec une lampe de poche autour du cou avant de voir son premier patient de la journée à sept heures trente.

Malgré tout, la liste des choses à faire que je mets à jour chaque matin est loin de refléter mes sentiments concernant ce qui est réellement important. Je sais que la vie, c'est bien plus qu'être productive, et la bonté ne se trouve pas au fond d'un panier à linge vide ou à la dernière ligne d'un rapport annuel ou même à la dernière ligne du livre que je suis finalement en train d'écrire. Et ce n'est pas là non plus que se trouve le bonheur.

J'avais l'habitude de me sentir coupable de rester inactive. Le temps passé dehors, allongée sur une chaise de parterre, à observer le ciel, était du temps «gaspillé». Une promenade dans les bois avec une amie et son chien signifiait que j'allais rater ce jour-là ma séance d'aérobic. Quand Henry, à trois ans, a voulu écouter la même histoire tous les jours pendant un mois et avoir chaque fois la même conversation au sujet de cette histoire, je n'ai pu m'empêcher de penser à la pile de livres de bibliothèque non encore lus sur lesquels la poussière allait s'accumuler pendant ce temps.

Mais j'en suis venue à croire que toutes ces activités sont essentielles. Elles sont ce que j'entends par «nourrir». Comme nous le rappelle l'écrivaine Julia Cameron : «Ce dont nous avons besoin, ce que nous désirons se résume, en grande partie, au fait d'être intimement apprécié, d'être chéri, d'être aimé, d'être l'objet d'attentions. Quant au manque, il se résume en grande partie à la tendresse qui nous fait défaut.» Nos enfants n'ont aucunement besoin d'encore plus de biens matériels pour être heureux ; ils ont simplement besoin de se sentir rassurés sur le fait qu'ils possèdent notre cœur et notre attention, et que nous les acceptons tels qu'ils sont.

*D*ès l'instant où mon premier fils a été mis au monde et où je l'ai accueilli dans mes bras, l'univers a basculé. Le miracle de la vie ! Avec quelle intensité l'ai-je aimé, et avec quelle urgence ai-je plongé dans ma nouvelle vocation, cette carrière du cœur appelée maternité. À l'époque, je n'avais aucune idée de la manière dont je m'y prendrais pour nourrir ce minuscule nouveau-né tout au long de son parcours jusqu'à l'âge adulte. Pas

de fessée ? Partager des moments privilégiés ? Bâtir l'estime de
soi ? Acheter des aliments biologiques ? Voilà les thèmes des
livres sur l'art d'être parent que j'avais examinés de près pendant
les neuf mois de ma grossesse. Mais comme j'étais ignorante,
quand nous avons amorcé notre nouvelle vie ensemble ! Et
comme les journées, m'a-t-il semblé, ont vite été consumées par
le détail des responsabilités parentales – les repas, les couches,
les otites, le ménage…

Cela m'a pris beaucoup de temps avant de développer ce que
l'on pourrait appeler une philosophie de l'art d'être mère. À peu
près tous les soirs, j'avais l'impression d'avoir épuisé toute mon
énergie à simplement traverser la journée. Mais lentement, pas
à pas, j'ai trouvé ma voie. Trois ans plus tard, Jack est né. Notre
famille complétée, j'ai commencé à discerner où j'avais vraiment
besoin d'être et ce que j'avais besoin de faire à chaque moment.
Étonnamment, cela voulait dire apprendre à lâcher prise par
rapport à l'éthique du travail dans laquelle j'avais été élevée. Je
voulais laisser tomber certaines attentes à mon endroit et envers
mes enfants. Il me fallait accepter que, pour jouer pleinement
mon rôle de mère, je devais prendre du temps pour moi-même,
et que je ne pouvais pas répondre aux demandes de mes enfants
cent pour cent du temps. Mais j'ai aussi découvert ce dont ils ont
besoin plus que tout : moi. Ma pleine attention. Mon visage
devant le leur, les yeux dans les yeux. Ma confiance inébranlable
dans le meilleur qu'ils ont en eux. Ma joie de savoir qu'ils existent. Ma capacité de les nourrir.

Mes enfants sont plus détendus quand je suis moi-même
détendue, quand nos journées ne sont pas trop remplies ou nos
activités, trop ambitieuses. Ils sont heureux quand nous sommes
simplement ensemble, savourant chaque instant, présents l'un à
l'autre. Aucun livre, jouet ou gâterie achetée dans un magasin ne
peut remplacer le cadeau plus précieux de mon attention. Il en
va de même avec mon mari. Nos vies sont remplies, et nous négo-
cions dans le détail les demandes de chaque jour, mais notre

relation exige davantage que la synchronisation de nos horaires et le partage des tâches. Lui aussi a besoin d'être nourri. Ainsi, j'en suis venue à considérer cette attention aimante comme mon domaine de compétence particulier. J'essaie de consacrer une petite partie de chaque journée à prendre soin de l'invisible. Hier, cela a signifié passer une heure dans le hamac avec Jack, en invitant le chat à se joindre à nous pendant que nous faisions la lecture de *Punia et le roi des requins,* trois fois d'affilée. Hier soir, cela a consisté à masser le dos de mon mari à la lumière des bougies tandis qu'un orage d'automne se déchaînait à l'extérieur. Ce matin, cela a été de m'asseoir avec mes deux garçons pour discuter sérieusement de la façon dont nous nous parlons au sein de notre famille et des blessures qu'ils se sont mutuellement infligées hier. Il s'agit là de moments tout simples, qui peuvent cependant se nimber d'une lumière nouvelle. C'est le travail divin que nous, les mères, nous effectuons ; peut-être cela est-il, à certains moments, notre vocation… prendre soin de l'invisible.

Quand nous nous engageons dans le geste de nourrir, ces moments fugaces que nous passons ensemble avec nos enfants deviennent empreints d'amour et de sens. Nous devenons plus conscientes des états d'âme que nous créons quand nous sommes avec eux, que ce soit en leur donnant un baiser d'au revoir sur le seuil de la porte, en les conduisant à l'école, en prenant le repas du soir avec eux ou en les bordant dans leur lit. Toutes ces activités banales peuvent être enrichies ; ce sont chaque fois des occasions d'entrer en contact les uns avec les autres. Quand nous offrons à nos enfants notre pleine attention, nous vivons déjà de façon plus réfléchie et délibérée. Il se peut alors que vous vous arrêtiez pour croiser le regard de votre enfant plutôt que de la pousser à se dépêcher. Il se peut que vous vous mettiez à avoir hâte de retrouver l'intimité que représente, au début de la journée, le trajet jusqu'à l'école. Les repas commenceront peut-être à prendre un air de fête ; et les rituels du soir seront imprégnés d'une qualité particulière. Des gestes simples – les mouvements que nous effectuons tous chaque jour – peuvent prendre de l'importance quand ils sont exécutés avec amour et attention.

Comme l'a écrit Mère Thérésa : « Il ne faut pas croire que notre amour doive être extraordinaire. Mais il nous est nécessaire d'aimer sans être gagnés par la fatigue. Comment une lampe brûle-t-elle ? Grâce à l'introduction continue de petites gouttes d'huile. Ces gouttes sont les petites choses de la vie quotidienne : la fidélité, de petits mots gentils, une pensée pour les autres, notre manière d'être calme, de regarder, de parler et d'agir. Voilà autant de vraies gouttes d'amour qui permettent à nos vies et à nos relations de brûler comme une flamme vive. »

Prendre soin de l'invisible signifie faire attention à ma propre santé physique et spirituelle, aux mécanismes internes de mon mariage, à la sécurité affective de mes enfants, à notre besoin de jouer et de nous amuser, à la qualité de nos relations. Je me rappelle à moi-même que les heures lentes et flexibles que je passe avec mes fils ne sont pas sans motif ; elles sont, en fait, un précieux cadeau, des îles de repos au milieu du courant torrentiel de la vie. Le secret, je crois, est celui-ci : quand nous prenons soin de l'invisible, nous nous retrouvons aimées en retour. Soutenues et revigorées, nous trouvons la force et la patience nécessaires pour prendre aussi soin du reste.

Quand je prends soin de l'invisible,
je me trouve aimée en retour.

LE SABBAT

*N*OUS SOMMES ARRIVÉS PRÊTS à nous retrousser les manches. Mon mari avait rempli la voiture de pinceaux, de bâches de protection et de térébenthine, et nous avions mis de côté nos propres corvées de la fin de semaine pour donner un coup de main à un couple d'amis épuisés ayant travaillé jour et nuit pour transformer un « spécial pour bricoleurs » en une véritable maison. Naturellement, ils étaient plusieurs semaines en retard sur leur calendrier, anxieux de terminer avant l'hiver et reconnaissants envers quiconque était disposé à fournir quelques heures au pinceau. Mais quand mon mari et moi sommes arrivés avec nos deux garçons de bonne heure en ce dimanche d'octobre, nous avons croisé Lisa et Kerby devant la porte avec un sac d'épicerie. « Nous avons été dans les travaux pendant toute la semaine, nous ont-ils dit. Allons faire un pique-nique. »

Une heure plus tard, nous étendions une couverture dans une clairière rocheuse au bord d'un lac retiré. Les arbres s'embrasaient de leurs couleurs automnales sous un ciel bleu vif, les vacanciers étaient rentrés chez eux depuis longtemps, et nous étions seuls pour nous abandonner aux plaisirs de cette journée resplendissante qui s'étalait devant nous comme un buffet offert aux sens. Les garçons et les chiens ont parcouru les bois tandis que nous, les adultes, jasions autour d'un feu en buvant notre café à petites gorgées. Après une randonnée jusqu'au sommet d'une colline voisine, nous avons fait cuire des hamburgers sur un grill improvisé et observé le parcours du soleil dans le ciel, l'air devenant plus frais à mesure que ses rayons disparaissaient derrière les pins, à l'ouest. À un certain moment au cours de ce long et lent après-midi, alors que je venais d'enfiler une autre chandail et m'émerveillais du sentiment de paix et de contentement absolu qui avait gagné notre petit groupe au bord de l'eau, j'ai soudain réalisé ce que nous avions créé : un sabbat.

Pour la plupart d'entre nous, les dimanches sont devenus des jours comme les autres : la ruée pour exécuter différentes tâches, les courses, l'épicerie, les devoirs à terminer pour le lundi matin. Jusqu'à récemment, la seule chose particulière qui marquait les dimanches dans notre foyer était que nous achetions une boîte de beignets pour le déjeuner et jetions le journal de cinq kilos (que personne n'avait jamais la chance de lire) sur la table de la cuisine. Le dimanche était un genre de journée tremplin, à partir de laquelle nous essayions de prendre notre élan pour la semaine à venir. Ma tête me disait que cela avait bien du bon sens – être productive pendant le week-end, et se mériter ainsi une semaine plus facile. Mais, de toute façon, cela ne semblait jamais pouvoir fonctionner de cette façon. Il y a toujours plus de choses à faire que de temps pour les faire, peu importe comment je passe mon dimanche. En outre, mon âme avait besoin d'une pause.

Dans le passé, le dimanche était souvent la journée pendant laquelle les familles laborieuses changeaient de vitesse. Les offices religieux et l'école du dimanche, le rôti braisé servi à midi, la famille élargie réunie autour de la table, la prière de l'action de grâces, les blagues et les histoires familiales, une sieste pendant l'après-midi, une petite promenade au crépuscule.

Voilà des souvenirs – familiers, ordinaires, imprégnés de bonnes odeurs et de l'impression que le temps s'étire lentement – que nous portons pour la plupart au fond de nous. Ma mère se souvient encore du sentiment de culpabilité qu'elle a éprouvé quand, étudiante à l'université, elle est allée au cinéma un dimanche. Dans sa famille, il était interdit de laver un plancher, de repriser un bas ou de tondre le gazon le jour du sabbat. Elle et sa sœur pouvaient se faire mutuellement la lecture, pratiquer leur piano ou jouer à des jeux de société (mais pas aux cartes !). Tout ce qui touchait le travail ou la culture populaire était cependant hors de question.

Bien sûr, la vie réelle dans le monde d'aujourd'hui est complètement différente. Dès qu'on a une journée libre, on la remplit. On s'enferme par exemple dans son bureau pendant quelques heures, on se précipite à une séance d'aérobic, on fait un saut au Home Depot, puis au Stop & Shop… Les parents qui travaillent, déterminés à rattraper en compagnie des enfants le temps perdu pendant toute une semaine, remplissent les week-ends d'activités mémorables. Mais ce dont nous avons tous besoin – encore plus que d'un nouveau souffleur à feuilles, d'une sortie dans un grand cinéma à plusieurs salles ou même d'une promenade à la campagne –, c'est d'arrêter de bouger. Nous avons besoin de moments de tranquillité, de temps consacré aux desseins de l'âme.

Au cours de la dernière année, nous avons réorganisé nos dimanches en famille. Plutôt que d'en faire une simple extension de la semaine de travail, nous leur avons permis d'acquérir une dimension sacrée. À présent, le dimanche est une journée *effectivement* spéciale. C'est la seule journée pendant laquelle nous ne sommes tout simplement pas occupés, la journée pendant laquelle les listes de choses à faire sont mises de côté en faveur d'un ressourcement spirituel. Sur un plan pratique, cela signifie pas de courses (nous les faisons le samedi ou nous les remettons à plus tard) ; pas d'épicerie (nous n'allons pas mourir de faim); pas de consommation matérielle (peu importe ce que c'est, nous n'en avons pas vraiment besoin); et toute notre attention axée sur la famille (c'est ce que nos deux garçons désirent vraiment, de toute façon). Ça n'a pas été facile, au début, de faire tout ça – ou plutôt, si *peu* que ça. Et nous essayons encore de déterminer jusqu'où exactement nous souhaitons aller, et à cet égard nous improvisons afin de respecter l'esprit de notre engagement envers le temps du sabbat. Je me permets d'enlever les fleurs fanées des rosiers ou des plants de pois, mais je ne paie pas de factures – car je réussis à entendre les secrets du sabbat dans mon jardin, mais pas dans mon bureau. Il m'arrive de préparer une soupe si le cœur m'en dit, mais je ne me sens pas obligée de cuisiner. Souvent, à l'heure du souper, nous optons pour des mets chinois. Nous n'organisons pas d'activités de loisir pour les enfants et nous ne prenons pas nous-mêmes d'engagements sociaux, tout en étant ouverts aux choses agréables susceptibles de se présenter. En d'autres mots, nous laissons la journée se dérouler d'elle-même.

Ne pas bouger est vite devenu un défi que nous relevons tous ensemble, car nous avons découvert quelque chose de merveilleux dans cette nouvelle contrainte en faveur du temps libre… des instants de grâce inattendus. Une journée non planifiée finit, à un moment où à un autre, par trouver son rythme et sa propre forme. J'ai été un peu étonnée de constater que le dimanche est devenue la journée que chacun d'entre nous préfère. L'ambiance est différente, plus douce, et cela convient à nos deux fils autant qu'à mon mari et à moi. « C'est le jour que le Seigneur a fait, affirment les premières lignes du psaume préféré de mon fils Henry. Soyons contents et réjouissons-nous. » Nous nous attardons donc devant nos crêpes autour de la table du déjeuner, en écoutant les concertos Brandebourgeois. Nous nous partageons le journal en nous refilant les sections. Nous allons à l'église, après des années à croire que nous n'en avions pas le temps. Nous flemmardons dans la cour ou faisons une promenade en forêt. Nous jouons de la musique. Les enfants s'assoient sur mes genoux. Je m'assois sur les genoux de mon mari. Nous rions et disons des bêtises. Nous jouons. Le dimanche soir – après avoir ressenti la pure joie de ne rien faire ou presque –, nous nous sentons ressourcés, prêts à nous réinstaller dans notre vie de tous les jours.

En hébreu, le mot *shabbat* signifie « se reposer ». Pour moi, le sabbat en est venu à représenter autant un état d'esprit qu'un jour déterminé de la semaine. Il signifie un temps que je peux librement consacrer à l'âme, un temps où je peux mettre de côté mes préoccupations quotidiennes en faveur d'un ressourcement spirituel. C'est une façon de séparer le temps en différentes parties et de le ressentir de différentes manières. Je n'ai aucunement l'impression que je perds du temps en passant le dimanche matin à l'église et le dimanche après-midi avec ma famille. Au contraire, il s'agit pour moi d'un temps retrouvé.

En respectant le fait que l'âme a besoin d'un temps
de sabbat, je me détends dans l'ici et maintenant.
Je crée un espace pour la présence de l'esprit.

L'ESPRIT

L A CLASSE DE TROISIÈME ANNÉE de mon fils avait étudié l'Ancien Testament, et Henry était impatient de rapporter ces histoires à la maison. Un soir, avant d'aller au lit, nous avons lu le passage où Moïse reçoit les dix commandements du Seigneur. Après, quand je suis allée border Jack, il m'a lancé : «Maman, je n'ai *jamais* entendu la voix de Dieu.

– Eh bien, ai-je dit lentement en essayant de gagner du temps pour composer une réponse qu'il comprendrait, quand tu as un problème ou quand tu te fais du souci au sujet de quelque chose, si tu restes très, très immobile et bien tranquille à attendre une réponse, cette réponse va te venir. Et elle viendra alors de Dieu.

– Oh, a-t-il répliqué, c'est donc comme si Dieu envoyait simplement des pensées à l'intérieur de moi. Alors, tu sais, Il fait ça tous les jours.» Jack s'est endormi content ce soir-là, en se sentant vraiment proche de Dieu.

Je suis continuellement amenée à me rappeler qu'à peu près tout ce que je sais de Dieu, je l'ai appris de mes enfants. Dès l'instant où ils sont arrivés sur cette terre, écrabouillés et pleins de sang mais étonnamment éveillés, ils ont été mes professeurs, des messagers envoyés de l'au-delà qui me forcent à affronter mes questions et mes croyances les plus profondes. Pendant ces premiers instants après la naissance, quand nous nous retrouvons face à face avec ces âmes minuscules abandonnées à nos soins, nous entrevoyons très certainement Dieu. Nous connaissons le bonheur suprême. Nos enfants naissent, comme l'a écrit Wordsworth, « non pas dans un oubli total, ni dans une nudité complète, mais en traînant des nuées de gloire [venant] de Dieu, notre demeure : Le Ciel est tout autour de nous dans notre enfance ! » La vie telle qu'on la connaît est soudain transformée... par l'arrivée de trois kilos d'humanité toute neuve. Rares sont les personnes qui nieraient la présence de l'esprit à ce moment-là, car en mettant un enfant au monde, nous connaissons un éveil profond, peut-être même un niveau de conscience plus élevé. Mais y a-t-il moyen de maintenir ce lien spirituel quand nous nous mettons à la tâche comme parents ? Comment nourrissons-nous l'âme de nos enfants quand ils grandissent et commencent à nous poser des défis ? Où, dans nos vies complexes, l'esprit peut-il vivre et s'épanouir ?

*D*ans mon cas, la maternité elle-même a été un parcours spirituel, un processus d'apprentissage et d'évolution qui concerne autant mon propre développement intérieur que la croissance de mes enfants. Lorsque je vois la lumière dans leurs yeux, quand je les observe en train d'embrasser le monde, je réalise que ma véritable tâche n'est pas d'infuser la foi ou une doctrine religieuse à mes fils, mais simplement de créer un lieu où ils se sentent aimés et en sécurité, et où leurs propres âmes peuvent se déployer et s'épanouir.

En tant qu'adultes, il peut arriver que nous nous sentions dans l'incertitude, que nous cherchions à nous sentir davantage en communication avec quelque chose qui nous dépasse. Mais les enfants sont par nature des êtres spirituels – joyeux, inventifs, confiants, capables de s'émerveiller. Pour nous joindre à eux, il nous faut redécouvrir ce qui est important et ce qui a un sens dans notre propre vie. Il nous faut être attentifs. Et il nous faut apprécier et protéger ce qu'ils possèdent déjà : une spiritualité innée et un véritable sentiment d'intimité avec Dieu.

Un soir, il n'y a pas longtemps, au cours d'une réunion informelle à notre église, un père a demandé à notre ministre comment il devrait s'occuper de la vie spirituelle de son fils. La réponse du révérend a été simple : « Vous n'avez qu'à bien vous occuper de la vôtre. » Nos enfants apprennent par imitation. Et tout comme nous essayons, par nos propres manières d'agir, de leur proposer un modèle en ce qui a trait à l'art de vivre, nous pouvons aussi être pour eux un modèle sur le plan de la quête spirituelle, c'est-à-dire de l'ouverture, de la prière, de la foi et de la dévotion. Quand notre mode de vie correspond à nos propres croyances et idéaux, nous offrons un cadeau à nos enfants. Nous introduisons la spiritualité dans l'ici et le maintenant. Nous leur enseignons que les actions et les paroles sont l'expression de l'esprit, que nos gestes sont le reflet de notre âme.

Quand je repense aux leçons spirituelles que mes garçons et moi avons apprises ensemble, je constate que les moments les plus importants ont été les moments d'attention et de conscience. La conscience – à la fois de leur part et de la mienne – que nos paroles et nos actions ont une importance, que nous faisons partie de quelque chose de beaucoup plus grand, que l'ensemble de la création mérite que nous en prenions soin. Je me souviens de cette fois où j'ai trouvé Jack, qui n'avait pas encore trois ans, en train de piétiner une fourmilière et d'écraser ainsi des centaines de fourmis rouges. « Qu'est-ce que tu fais là ? lui ai-je demandé.

– Je les envoie au ciel », a été sa réponse.

Ce jour-là, nous nous sommes agenouillés ensemble et nous avons observé les survivantes vaquer à leur travail. Peut-être avons-nous parlé un peu du fait qu'il ne fallait pas faire de mal aux créatures vivantes, mais je ne l'ai pas sermonné à ce sujet. Nous sommes plutôt restés simplement à observer pendant un moment. Nous avons été gagnés par le respect et l'admiration.

Aujourd'hui, des années plus tard, mes garçons m'étonnent par leur respect à l'égard de toutes les formes de vie. Parce qu'ils insistent, j'ouvre les fenêtres pour laisser les mouches s'envoler, je transporte gentiment les araignées à l'extérieur de la maison et j'approvisionne les écureuils en nourriture, de sorte qu'ils n'endommagent pas notre jardin. Le jour où j'ai attrapé notre chat par la queue en le traitant de sale bête et où je l'ai jeté dehors en hurlant parce qu'il avait fait pipi sur le tapis du salon, je me suis diminuée aux yeux de mes fils. Même si je me suis excusée auprès des enfants et auprès du chat, ils se rappellent encore cet incident avec horreur – tout comme moi, bien évidemment.

C'est Elizabeth Spencer qui disait que « rien n'est trop petit pour qu'on en remarque l'existence, et une fois qu'on en a remarqué l'existence, il n'y a rien qui ne puisse aussi être considéré comme extraordinaire ». Mais ce sont mes fils qui, jour après jour, en s'émerveillant devant les insectes, les arbres et les nuages, m'ont révélé à quel point ces paroles sont vraies. Nos promenades sont ponctuées de découvertes – « Regarde ce pissenlit qui pousse dans la fente du trottoir ! » – et de réflexions au sujet de toute la création. Il semble, en fait, que ce sont les petites sources d'émerveillement de la vie quotidienne qui soulèvent les plus grosses questions, comme si une fleur qui surgit du ciment était un pont entre l'esprit et la matière, entre notre bref passage ici et l'immensité au sein de laquelle tourne la terre où nous vivons.

Jack : « Premièrement, je me demande bien pourquoi Dieu a fait le monde. »

Henry : « Probablement qu'il se sentait seul, tout seul dans l'espace. »

Jack : « Est-ce que tu sais pourquoi l'espace est tout noir ? »

Henry : « Non. »

Jack : « Parce que c'est l'ombre du monde. »

*C*hez les enfants, la spiritualité ne vient pas d'un sermon d'église, elle n'est pas non plus une habileté acquise, comme la lecture et l'arithmétique. Elle fait partie d'eux-mêmes, elle est l'essence de leur être et la source de leurs interrogations par rapport au monde. *Qu'est-ce qu'il y en dehors du ciel ? Où commencent le monde et le ciel ? Qu'est-ce qu'il y avait ici avant le monde ? Est-ce que c'est Dieu qui vous a choisis pour être mes parents ? Pourquoi est-ce que le père de Stefan doit mourir ? Est-ce que Dieu est fâché contre les pauvres ? Pourquoi est-ce que Dieu a fait les moustiques ? C'est quoi au juste une âme ?*

Leurs questions me hantent et me forcent à m'interroger. Je n'ai pas les réponses ; la seule chose que je puis faire, c'est m'interroger avec eux et partager leur admiration devant le mystère et la grandeur de la vie. Mais peut-être cela même est-il suffisant. Personne d'entre nous n'aura jamais toutes les réponses, mais nous pouvons apprendre, comme le suggère Rilke, à vivre les questions.

En tant que parents, nous pouvons entretenir dans notre foyer une atmosphère qui incarne la spiritualité, quelles que soient notre foi ou notre orientation religieuse. Nous pouvons considérer nos enfants comme des êtres divins, et nous pouvons intégrer la spiritualité à notre propre vie. Dans son livre intitulé *Life's Companion : Journal Writing as a Spiritual Quest*, Christina Baldwin a écrit : « La spiritualité est le centre sacré d'où provient toute forme de vie, y compris les lundis, les mardis et les samedis après-midi pluvieux dans tous leurs petits détails ordinaires et glorieux… Le parcours spirituel est l'amalgame de la vie de l'âme et de la vie de tous les jours. »

Intégrer la spiritualité à notre vie ne signifie pas changer nos croyances. À mes yeux, cela signifie ouvrir sa vie, dégager un espace pour l'esprit au milieu de la vie familiale, du travail et des obligations. Cela signifie être attentif tandis que nous vaquons à nos occupations quotidiennes et cultiver une atmosphère d'amour et de respect au sein de notre famille. Nous sommes les fenêtres par lesquelles nos enfants voient d'abord le monde. Soyons conscients de la vue que nous leur offrons.

 ⚭ Partagez votre enthousiasme à l'égard du monde qui vous entoure, car la joie est contagieuse. «Enthousiasme» vient du grec *enthousiasmos*, qui signifie «imprégné de l'esprit divin». Si vous êtes en rapport avec tout ce qui se passe autour de vous et manifestez votre intérêt, vos enfants feront de même. Ils verront la présence de Dieu partout.

 ⚭ Partagez des moments de calme et écoutez la voix de l'esprit. Le bavardage est une habitude, une façon de remplir tous les coins et recoins d'une journée – et les enfants tout autant que les adultes peuvent prendre l'habitude du papotage qui n'en finit plus. Mais tous ces mots ne font que nous empêcher de forger à un niveau plus profond nos propres observations. Comme nous le rappelle un vieux proverbe africain, «on ne montre pas le ciel à un enfant.»

 ⚭ Faites de la vénération une vertu. La vénération est à mon sens un état d'âme, à l'origine de toute croissance et de tout développement intérieurs. Mais il y a une tendance dans notre culture à encourager les enfants à poser un regard critique sur le monde ou à le comprendre sur un plan intellectuel avant d'avoir la chance de l'envisager et de le connaître sur un plan purement spirituel. La sagesse commence par l'émerveillement.

 ⚭ Célébrez la vie. Nous avons tellement tendance à nous axer sur l'efficacité et l'aspect pratique des choses que nous oublions d'inviter nos enfants à partager les plaisirs salissants et incongrus de la vie : la peinture avec les doigts, les feux d'artifice en fin de soirée, les levers de soleil, la préparation d'un gâteau. La pure joie que procure un moment pleinement vécu est plus précieuse que des mains propres, une heure de sommeil perdue, des souliers secs ou un dessert parfait.

ॐ Prêtez attention aux détails. Quand nous préparons un lunch, lavons un plancher, plions des serviettes avec le même soin que nous apportons aux travaux que nous estimons plus « importants », nous ouvrons un chemin menant au domaine de l'esprit. Tout notre rapport à la vérité, à la vie spirituelle, au monde lui-même est contenu dans nos gestes. Les enfants apprennent la dévotion par l'exemple.

ॐ Cultivez en vous-même les qualités que vous désirez voir chez vos enfants. Élever des enfants est une responsabilité intimidante pour quiconque essaie de constituer une vie familiale en dehors de l'univers commercial, technologique et médiatique. Mais chaque fois que nous réaffirmons nos propres valeurs, nous instillons des valeurs chez nos enfants. Quand nous nous occupons de nos enfants dans un élan qui vient de l'âme et quand nous sommes en accord avec notre sagesse intérieure, nous enseignons à nos enfants la confiance en leur propre être supérieur. Quand nous défendons nos convictions, nous leur enseignons la force. Quand nous parlons avec amour et dans un élan du cœur, nous enseignons à nos enfants à aimer à leur tour. Quand nous reconnaissons et honorons la présence divine en nous-mêmes et chez les autres, nous soutenons la spiritualité de nos enfants. Quand nous vivons de manière authentique et réfléchie, nous inspirons nos enfants à prendre avec soin leurs propres décisions.

ॐ Trouvez un chemin menant à la prière. Je n'ai pas grandi dans un milieu où la prière faisait partie de la tradition ; une fois de plus, ce sont mes enfants qui m'y ont conduite. En cherchant un cadeau de Noël de dernière minute qui ne soit pas commercial, j'ai décidé de copier et d'encadrer pour chacun d'eux une prière spécialement destinée à l'heure du coucher et que nous pourrions inclure chaque soir dans notre rituel. Cependant, j'étais loin de me douter à quel point ces simples lignes allaient toucher profondément mes fils. Maintenant imprégnées de la valeur de deux années d'histoire et de signification, les prières du soir sont devenues une partie indélébile de leur enfance et elles les enveloppent tous les deux d'un sentiment de sécurité et d'amour quand ils ferment les yeux pour dormir. Lorsque je suis assise là dans l'obscurité tandis que nous récitons les paroles bien connues, m'est rappelée la valeur de ces moments simples et sacrés, la beauté de mes enfants, la confiance que nous plaçons les uns dans les autres et notre foi en quelque chose de plus grand que nos activités et préoccupations humaines.

PRIÈRE POUR LES PETITS ENFANTS

De la tête aux pieds
Je suis l'image de Dieu.
De mon cœur jusqu'à mes mains
Je sens le souffle de Dieu.
Quand je parle avec ma bouche
Je suis la volonté de Dieu.
Quand je vois Dieu partout,
Dans ma mère et dans mon père,
Dans toutes les personnes chères,
Dans les bêtes et dans les fleurs,
Dans les arbres et dans la pierre,
Rien n'est source de peur,
Tout est source d'amour
Pour tout ce qui m'entoure

– RUDOLPH STEINER

L'ÉQUILIBRE

*N*ous avons étendu une couverture pour un pique-nique sous un pin à cet endroit que mes enfants ont surnommé le le « rocher du pirate ». Entre le cliquetis des sauterelles tout près de nous et la rumeur de la circulation filant vers le nord sur une autoroute dans le lointain, nous savourons les joies de notre refuge secret… Je cueille des framboises sous un tiède soleil de septembre, je me penche pour poser un baiser sur la bouche barbouillée de baies de mon fils et, goûtant sa sueur salée mêlée au goût sucré des framboises, je me laisse complètement gagner par la riche abondance de ce jour d'automne, de ce champ, de cette généreuse récolte… Je suis à la cuisine, en train de préparer le souper, je coupe des tomates provenant de notre jardin, lorsque je suis arrêtée net – mon couteau levé dans les airs, le souffle coupé – par les accords de *Scarborough Fair* ; mon mari et mon fils jouent un duo à la guitare et, pour la première fois, l'interprétation est parfaite et je m'émerveille de la claire voix de soprano de mon fils alors qu'il essaie d'atteindre, trouve et garde sa note la plus haute… Je frotte mes enfants avec de l'huile de sésame au moment où ils sortent de la baignoire, récurés et étincelants de propreté, et soudain je suis saisie par la pureté de leur visage brillant, par la perfection de leurs jeunes bras et jambes, par leur aisance à mouvoir leur propre corps. Puis, une autre journée prend fin, et je défais les lits, lisse les draps et me mets en quête du conte du soir qui convient à l'ambiance de cette soirée… Si jamais je perds de vue ce qui compte vraiment, puissent ces petits détails de la vie quotidienne me le rappeler : les souvenirs les plus chers sont précisément là, dans ces moments que nous créons et partageons les uns avec les autres.

Pourtant, nos vies sont souvent trop remplies pour même nous permettre de faire cette réflexion. Ma voisine se demande si elle n'a pas surchargé l'horaire de son fils de quatre ans – puis, du même souffle, elle s'inquiète qu'il ne puisse jamais « rattraper les autres » s'il ne participe pas au programme de tennis des Raquettes en herbe. Une amie qui travaille à temps partiel consacre ses jours de congé à diriger l'association parents-professeurs de l'école de sa fille et admet que son travail bénévole équivaut en gros à un second emploi à temps partiel qui gruge ses journées, ses soirées et ses fins de semaine. Une autre amie, mère de trois enfants, passe tous les après-midi de semaine dans son auto à faire la navette entre les séances d'entraînement de soccer et les leçons d'hébreu de son fils de neuf ans, les leçons de ballet et de flûte de sa fille de douze ans en plus des rendez-vous d'enfant et les cours de gymnastique de son fils de cinq ans. L'année dernière, à Noël, les yeux d'une de mes amies se sont emplis de larmes lorsqu'elle s'est arrêtée à songer au week-end qui s'annonçait et qui incluait trois parties des fêtes, l'arrivée de ses beaux-parents, les emplettes de Noël combinées avec un rendez-vous au centre commercial pour prendre une bouchée avec une amie, la performance de sa fille personnifiant un ange dans un spectacle à l'église et, si le temps le permettait, une séance de photos avec le Père Noël.

Est-ce là notre conception de la vie familiale de nos jours ? Est-ce que quiconque souhaite vraiment vivre ainsi ? Je ne crois pas. Pourquoi, alors, *essayons-nous* donc d'en faire tant ? Pourquoi, comme le dit piteusement une de mes amies, traversons-nous donc la vie en véritables derviches ? Et pourquoi permettons-nous que nos enfants soient victimes de ces mêmes horaires surchargés qui nous empêchent de savourer notre propre vie ? Je suis persuadée que l'une des raisons pour lesquelles nous essayons d'en faire tant est que nous avons peur.

Et si mon fils prenait du retard sur ses partenaires de tennis ? Comment vais-je pouvoir montrer au monde que je suis une bonne mère si je ne me porte pas volontaire à l'école ? Qu'est-ce que nous manquerons si nous restons à la maison ? Il y a de la peur derrière toute cette frénésie, la peur que nous ou nos enfants ne puissions pas, en quelque sorte, être à la hauteur. Mais d'où proviennent au juste ces attentes auxquelles nous essayons de répondre ?

Ces derniers temps, je jongle avec une autre question : qu'est-ce que je perds lorsque je tente d'en faire trop ? La réponse est simple : mon équilibre. Pour moi, il n'y a rien de pire que de sentir qu'une journée s'est écoulée sans un seul moment de véritable contact entre mon époux et moi, entre mes enfants et moi, entre moi et mon propre moi intérieur. Pourtant, comme nous laissons facilement cela nous arriver. Nous voulons tant *en faire* pour nos enfants, nous voulons leur donner toutes les chances d'apprendre, de grandir et de réussir. En même temps, nous voulons vivre notre propre vie pleinement, être productive, créative et utile. Parfois, cependant, nous perdons contact avec notre besoin de nourrir notre monde intérieur et notre aspiration à la solitude, au silence et aux moments d'intimité avec les nôtres.

*I*l n'y a sûrement personne qui a des enfants à élever de nos jours et qui ne s'est pas arrêté de temps à autre pour se demander ceci : dans notre effort constant pour procurer à nos enfants tout ce dont ils ont besoin, ne sommes-nous pas en train de perdre de vue ce qui compte le plus ? Nos activités n'ont-elles pas envahi jusqu'à ces moments tout simples et spontanés qui font que la vie vaut vraiment la peine d'être vécue ? Il n'y a pas un seul enfant de ma connaissance qui ne pourrait pas profiter un peu de ce genre de moments. Nous aussi, en tant qu'adultes, nous en avons besoin.

Il y a quelques mois, ma voisine a glissé et s'est cassé un bras au travail. Lorsque je lui ai téléphoné plus tard ce jour-là pour compatir à sa douleur, elle était radieuse. «Je suis en congé pour au moins huit semaines ! a-t-elle dit. Je ne peux pas conduire, alors je vais devoir me rendre à pied partout où j'irai, et le printemps approche. Ce sera merveilleux ! » Elle avait raison, bien sûr. C'était effectivement merveilleux ; la vie ralentissait. Le samedi avant son retour au travail, comme chef pâtissière, son fils de huit ans a dit d'un ton mélancolique : «Maman, ne pourrais-tu pas te casser l'autre bras ? »

Comme il est facile de traverser notre vie à toute vitesse et de faire traverser à nos enfants leur propre enfance à toute vitesse par la même occasion ! Combien de fois par jour sommes-nous nos enfants de « faire vite » ? En tentant ainsi de tirer le meilleur parti possible de chaque journée, nous les menons d'une chose à l'autre, louant leurs réalisations et les poussant vers de nouveaux défis. On nous presse de toutes parts de commencer à développer les aptitudes de nos enfants dès leur tout jeune âge. Même les gamins de quatre ans que je connais forment une petite communauté fort occupée dont les journées sont remplies de cours de danse, de leçons de natation, de séances de tennis pour les tout petits, de T-ball et de soccer – sans parler de la prématernelle ! Les enfants plus âgés discernent peut-être tout le stress que génère autant d'activités, mais ils ne savent pas comment vivre autrement. Comme le résume une de mes petites voisines de onze ans en expliquant ses propres conflits d'horaire entre les devoirs, la musique, l'équipe de natation et les séances d'entraînement : «Eh bien, tout ma famille est folle. Nous ne sommes jamais à la maison. Nous faisons toujours des blagues là-dessus, mais nous continuons pourtant de nous inscrire à tout.»

Dans notre ville, les petits garçons peuvent amorcer leur carrière bien organisée de joueurs de base-ball à l'âge de quatre ans en s'inscrivant au T-ball. À sept ans, ils jouent déjà au sein d'une équipe. À neuf ans, ils peuvent porter un uniforme et se rendre en autobus jouer des parties «à l'extérieur». Notre fils Jack, ayant observé des amis plus vieux, désire déjà cet uniforme, sans compter la gomme à mâcher et tout le comportement à l'avenant. C'est difficile pour nous, son père et moi, de dire non. La fille de six ans d'une de mes amies se retrouve souvent invitée à deux ou trois fêtes d'anniversaire le même samedi. C'est difficile pour sa mère de dire non. En fait, il faut une bonne dose de conviction intérieure pour dire non, à la fois pour nous et pour nos enfants, car nous vivons dans une société où les gens sont définis en grande partie en fonction de leurs activités et de leurs réalisations. Pourtant, si nous ne fixons pas ces limites, qui le fera? Si nous ne disons pas non, nous devenons les victimes angoissées de nos propres horaires. Dans notre hâte de tout faire, nous manquons le pur plaisir de vivre pleinement une seule chose. Lorsque nous traversons notre vie en courant, nous passons à côté de celle-ci.

En tant que mères, nous sommes le centre affectif de notre maison. Notre partenaire apporte peut-être son inestimable contribution, mais nous, les femmes, avons encore largement la responsabilité de donner son ton et son rythme à notre vie familiale. Chaque jour, un de mes plus grands défis est d'établir dans notre maison une atmosphère qui nourrisse non seulement notre corps et notre intellect, mais aussi notre vie intérieure tout à la fois. Pour ce faire, j'ai besoin de me faire une idée de ce qui constitue pour moi un idéal. J'ai besoin d'avoir un sentiment d'équilibre. Alors je me demande comment je veux être dans le monde. Comment mes enfants devraient passer leur journée. Comment je passerai ma propre journée. J'ai appris avec le temps que c'est lorsque je doute moi-même de ce dont j'ai besoin ou de ce que je souhaite vraiment que j'ai tendance à foncer tête baissée, happée par l'affairement de la vie. Mais lorsque je prends le temps d'évaluer nos choix – lorsque je prends des décisions mûrement réfléchies et qui me viennent du fond du cœur –, j'en viens presque invariablement à élaguer et à réduire mes activités, à en faire moins et à en profiter plus.

Cette quête d'équilibre ne m'est pas exclusive, pas plus qu'elle n'est l'apanage des femmes de ma seule génération. Elle est au centre de la vie des femmes depuis près d'un demi-siècle maintenant. En effet, trouver cet équilibre, apprendre à vivre à la fois pleinement et de manière satisfaisante, tout cela m'apparaît comme relevant du travail spirituel inhérent à la maternité. Cela ne nous vient pas aisément, et jamais sans un certain combat intérieur.

En 1955, Anne Morrow Lindbergh a laissé son mari et ses cinq enfants derrière elle en entreprenant une retraite solitaire au bord de la mer pour écrire. Seule durant deux semaines dans ce simple chalet sur une île, elle a trouvé l'espace et le moment de tranquillité qui lui ont permis d'écrire son classique *Gift from the Sea*. Elle était partie au loin, disait-elle, en quête de réponses aux questions suivantes : «Comment demeurer entière au milieu des distractions de la vie? Comment conserver son équilibre en dépit des forces centrifuges qui tendent à nous éloigner de notre centre?»

Libérée des contraintes quotidiennes et pratiquant volontairement l'«art du dépouillement», elle a acquis une nouvelle perspective sur sa vie à la maison, ce qui lui a fait dire : «Il y a si peu d'espace vide. L'espace est tout griffonné, le temps a été rempli. Il y a si peu de pages vides dans mon carnet de rendez-vous, si peu d'heures vides dans la journée, si peu de pièces vides dans ma vie où je pourrais être seule et me retrouver. Trop d'activités et de gens et de choses. Trop d'occupations précieuses, d'objets de valeur et de gens intéressants. Car il n'y a pas que le trivial qui encombre notre vie, il y a également dans le lot des choses importantes. Nous pouvons disposer d'un excès de trésors. »

Comme tant de femmes avant moi, je sais que cela est vrai pour l'avoir vécu. En cherchant à « instaurer un autre rythme comportant plus de pauses créatives », Anne Morrow Lindbergh a formulé mon propre désir de vivre de manière plus réfléchie et volontaire. Tandis que je prenais soin de mon premier-né, me demandant si les éléments disparates de ma nouvelle vie arriveraient jamais à s'assembler en un tout cohérent, j'ai lu son livre d'une seule traite qui m'a laissée rassasiée et reconnaissante. C'est un livre que je continue d'affectionner et, comme on va vers une amie en qui on a confiance, j'y suis retournée plus d'une fois durant toutes ces années.

Autant j'admire la précision et la sagesse de la voix d'Anne Morrow Lindbergh, autant je suis ébahie par les circonstances dans lesquelles elle est parvenue à écrire. Imaginez : une mère de cinq enfants qui se débrouille pour se réserver deux semaines en solitaire sur une île, à réfléchir et à flâner, à ramasser des coquillages et à décrire de manière lumineuse sa quête de simplicité extérieure, d'intégrité intérieure et de relations plus satisfaisantes avec ceux et celles qui lui étaient chers. Le luxe d'un tel interlude m'a toujours paru tout aussi extraordinaire que les mots qui en ont émergé. Je suppose que je vois *Gift from the Sea* comme une sorte de conte de fées à l'intention des mères – un fantasme de paix et de quiétude qui ne m'est accessible qu'en rêve.

En ce moment, je suis assise à mon bureau avec, juste à côté de moi, mon exemplaire froissé du livre d'Anne Morrow

Lindbergh. Le soleil a réapparu après deux jours de pluie et les faibles effluves d'un feu de bois, poussées par la brise humide, filtrent par ma fenêtre. Une mouche domestique furieuse bourdonne contre la moustiquaire de la fenêtre et essaie de sortir. Je suis tentée, en lui redonnant sa liberté, de m'abandonner au charme de ce jour d'automne et de la suivre dehors. Mais non, ceci est le temps – mon seul temps à moi aujourd'hui – que je m'accorde pour écrire. J'ignore le téléphone et je remets à plus tard toutes mes autres occupations ; je dispose d'une heure et demie avant de devoir passer prendre les enfants à l'école, et tout ce que j'espère, c'est maintenir ma concentration intérieure encore un moment. Il sera bientôt temps de changer de rythme.

*J*l y a plus d'un an, lorsque j'ai commencé à coucher sur papier ces réflexions, mon époux m'a offert d'aller passer quelques jours loin de la maison de façon à pouvoir commencer pour de bon, sans distraction. Mais la vie s'est interposée, comme toujours : un voyage d'affaires qui a dû être déplacé, un récital de guitare qui ne figurait pas au calendrier ; un événement de financement que nous avions promis d'aider à organiser ; la crise passagère d'un enfant de cinq ans. Les semaines ont passé, et le jour n'est jamais venu de dire au revoir à mes enfants et de disparaître pour un moment.

J'ai donc cherché à trouver un équilibre ici même, à la maison, entre mon travail régulier et l'écriture que j'adore, entre ma famille et mes autres obligations, entre la contemplation et l'activité. Je n'ai pas mis longtemps à réaliser que si ces méditations devaient refléter la vie telle que n'importe qui d'entre nous la vit réellement, je devrais trouver une façon de coucher ces méditations sur papier ici, au milieu de la vie elle-même – durant une heure dérobée à l'après-midi avant que trois heures sonnent, durant les soirées tranquilles lorsque je me retrouve avec quelque petite réserve d'énergie à dépenser, sur la chaise de jardin tandis que mes fils envoient le ballon de soccer dans tous les sens ou se laissent tomber près de moi avec leurs propres livres ou projets en cours. Ces pages, donc, ne proviennent pas d'un « chalet pareil à un coquillage marin dénudé », quoique je me meure de faire l'expérience d'une ambiance si propice. Non, elles proviennent de la chambre d'amis à l'étage et de la ligne de feu de ma vie familiale ; des hauts et des bas des jours que nous vivons ensemble ; et de mon propre combat pour conserver un sentiment d'équilibre.

Cette année, nous nous sommes rendu compte que notre horaire familial allait devoir changer. Je ne voulais pas simplement ajouter plus d'heures de travail à mon bureau et faire garder les enfants. Alors, mon époux et moi avons résolu de tracer de nouvelles frontières autour de notre temps. Nous avons décidé que ce serait *son* année de bénévolat à l'école de nos fils et que je me retirerais. Nous avons décidé de continuer à faire prendre des leçons de musique à Henry, mais de ne pas faire participer Jack aux activités sportives et extrascolaires, du moins pas avant qu'il soit en première année. (En même temps, mon époux a promis de garder le ballon en mouvement dans notre cour – engagement qu'il a honoré avec un tel enthousiasme que les enfants du voisinage frappent maintenant à notre porte et demandent : « Est-ce que Steve, Henry et Jack peuvent venir jouer dehors ? ») Nous avons laissé tomber notre abonnement au centre d'activité physique situé à vingt-cinq minutes de la maison et nous nous sommes plutôt inscrits à une salle de gym qui se trouve au bout de la rue. En fait, nous avons apporté toutes sortes de petits ajustements à nos vies de manière à ce que j'accepte plus de travail durant l'année suivante sans renoncer au temps que nous passons ensemble.

Au début, notre décision de limiter les activités des garçons autant que nous limitions les nôtres a été accueillie par des protestations et des lamentations – mais celles-ci ont vite fait place à un authentique sentiment de soulagement. Nos après-midi sont souvent libres. Les samedis nous appartiennent. Lorsque Henry demande le dimanche matin «Est-ce qu'il y a quelque chose que nous *devons* faire aujourd'hui?», je suis heureuse de lui répondre qu'il n'y a pas la moindre obligation. Les enfants éprouvent un grand sentiment de liberté lorsque les frontières sont clairement établies par leurs parents. Mes enfants savent que j'ai du travail à faire, mais ils savent aussi que le temps que nous passons ensemble m'est précieux. En choisissant d'éliminer certaines de nos activités familiales cette année, mon époux et moi avons façonné un peu plus de temps pour que nos enfants goûtent quelques-unes des joies de l'enfance. Ce faisant, nous nous sommes arrangés pour rompre avec nos réactions automatiques – comme celle consistant à inscrire nos garçons aux mêmes activités que pratiquent leurs amis – et pour nous libérer un peu de la pression qui nous accablait. Pas étonnant que nos enfants aient paru plus heureux et détendus. Ils savourent les activités auxquelles ils participent et notre routine nous soutient plutôt que de nous exténuer. Nous passons moins de temps à courir d'un endroit à l'autre et plus de temps à jouer. Hier, Jack et un de ses amis sont sortis dans la cour avec leurs pelles pour entreprendre de creuser jusqu'en Chine. En les écoutant décrire de manière fantaisiste la vie telle qu'elle se déroulait tout au fond du trou, j'ai été touchée par le fait que la vie de mon fils se déroulait en douceur. Il a encore bien des années devant lui pour jouer au baseball, mais on ne peut se creuser un tunnel pour la Chine que lorsque l'on a cinq ans.

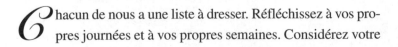

*C*hacun de nous a une liste à dresser. Réfléchissez à vos propres journées et à vos propres semaines. Considérez votre horaire sans complaisance. Puis faites la même chose pour vos enfants. S'ils sont plus vieux, demandez-leur comment ils se sentent, *eux*, par rapport à la façon dont ils occupent leur temps.

❧ Quelles sont les choses que vous devez absolument faire ? Mettez-les par écrit. Si la liste paraît écrasante, livrez-vous à un remue-méninges pour trouver des façons de la réduire. Qu'est-ce que vous pouvez déléguer ? Êtes-vous en mesure d'embaucher quelqu'un pour vous aider ? Qu'est que vous pourriez éliminer s'il le fallait ? (Ne pensez pas à ce que les gens vont dire si vous le faites !) Qu'est-ce que vous souhaiteriez faire autrement à l'avenir ? Rappelez-vous : vos enfants ont besoin de vous tous les jours, et il vous appartient d'être en forme pour remplir votre mission. Vous n'êtes pas la seule à en payer le prix lorsque vous acceptez d'en faire trop ; eux aussi en ressentent le contrecoup.

❧ Quelles sont les choses que vous préférez faire ? Les faites-vous ? Sinon, faites d'au moins l'une d'elles votre priorité. Trouver son équilibre, cela signifie prendre soin de vous-même tout autant que de ceux dont le bien-être dépend de vous.

❧ Quelles sont les activités et les obligations qui vous volent du temps ? Comment pourriez-vous récupérer un peu de ce temps ? Il y a trois ans, encouragées par un article paru dans un magazine, ma voisine d'à côté et moi avons formé une coopérative de repas. Un soir par semaine, je fais le repas pour deux autres familles en même temps que pour la mienne. En retour, les soirs suivants, chacune d'entre elles prépare le souper pour trois familles. Nous faisons en sorte que la nourriture demeure simple et bonne, et ceux qui bénéficient du repas ont la responsabilité de venir le chercher, dans leurs propres récipients, à six heures. Cette entente a été couronnée de succès, car elle nous donne à chacune un peu plus de temps. S'il faut cuisiner de toute façon, il est assez facile d'en faire plus – surtout lorsqu'on obtient en prime deux soirs de congé.

  Lesquels de vos engagements vous empêchent de vivre la vie plus simple que vous désirez mener ? Quelles activités vous compliquent la vie ; lesquelles l'enrichissent véritablement ? Le fils d'une de mes amies détestait ses leçons de piano et progressait à pas de tortue. Elle détestait faire l'aller-retour d'une heure pour l'y conduire chaque semaine. Pourtant, lorsque je lui ai demandé pourquoi elle insistait pour poursuivre une activité que tous deux abhorraient, elle m'a répondu : «C'est juste qu'il me semble qu'il doit *absolument* apprendre le piano. Est-ce que tout enfant ne devrait pas savoir jouer d'un instrument ?» Au printemps, ils ont laissé tomber. La mère et le fils ont décidé qu'ils passeraient plutôt leurs lundis après-midi à faire du patin à roues alignées – décision qui fait leur bonheur à tous deux.

Trop souvent, nous faisons des choses parce que nous avons le sentiment que nous devons les faire, ou de peur d'être jugée ou de ne pas être dans le coup si nous ne les faisons pas, ou parce que tout le monde le fait, ou encore parce que nos enfants veulent essayer toute nouvelle activité dont ils entendent parler par leurs amis. Mais comme cela fait du bien de se libérer de tous les «je devrais» et d'adopter un rythme différent. De faire des choses pour le simple plaisir de les faire. D'avoir une vie fertile et non fébrile, heureuse et non fiévreuse.

Je sais que l'équilibre n'est pas un aboutissement en soi mais un parcours – et je suis toujours en marche vers un mieux-être, auquel je ne parviens jamais tout à fait. Le monde vient me chercher une multitude de fois par jour. Le téléphone sonne, la circulaire arrive par la poste, l'invitation est lancée, la demande est envoyée. Et je dois réunir toute la force et la toute la clarté nécessaires afin de savoir quand dire «non» avec élégance et quand dire «oui» avec joie et conviction. Je dois me rappeler que je ne suis pas en train de réduire mes activités sociales; je suis en train de protéger notre vie familiale.

«Avec notre cruche, nous tentons souvent d'arroser un pré, non un jardin», écrit Anne Morrow Lindbergh. Comme il est facile de se retrouver à asperger un pré de gouttelettes, nous diluant trop, donnant sans refaire nos réserves, n'accomplissant rien qui ait une grande valeur! Alors j'essaie de faire en sorte que mon jardin demeure petit, mais de m'en occuper comme il faut et dans la joie. C'est ici que nous fleurissons.

Lorsque je conserve mon équilibre, je sens
que je deviens plus forte, car je suis alors guidée
non par la peur ou par la pression,
mais par ma petite voix intérieure tranquille
qui me chuchote : « C'est assez. »

CHOISIR

*L*A LETTRE VENAIT d'une femme que je n'avais jamais rencontrée. Il y avait peu de temps que j'avais commencé à écrire ce livre et j'étais impatiente que mon époux jette un coup d'œil aux quelques fragments déjà écrits. Comme il passait la porte pour aller prendre un avion pour San Francisco, je lui ai glissé une enveloppe dans la main. Ce soir-là, il s'est retrouvé à Palo Alto, assis à côté de la femme d'un nouveau collègue, comparant avec elle ses observations sur la vie, les enfants, le travail – le genre de bavardage qui a cours lors d'un cocktail, quoi. Debra lui a dit qu'elle avait renoncé à sa carrière pour rester à la maison avec ses deux enfants, et il a évoqué les pages qu'il venait juste de lire durant le trajet vers la côte ouest. Elle lui a demandé si elle pouvait les rapporter chez elle pour les lire. Comme mon époux hésitait, expliquant que c'était juste un premier jet et qu'il avait un autre avion à prendre tôt le lendemain matin, elle a promis de lui rapporter l'enveloppe avant le déjeuner. Ma première lectrice a donc été une pure étrangère. Debra lui a rendu les pages en joignant une note à mon intention, qui commençait ainsi : « L'idée de ralentir le cours de nos vies grouillantes d'activités est quelque chose que j'ai toujours à l'esprit, et c'est une chose qui revient constamment chez les mères qui m'entourent. »

Elle me décrivait sa propre expérience de mère et me parlait des choix qu'elle avait faits. Cette offrande spontanée m'a été très précieuse : y a-t-il un meilleur moyen pour nous, mères, que de nous appuyer l'une l'autre en mettant en commun notre expérience personnelle, en s'offrant mutuellement un tracé du chemin que nous avons emprunté ? Comme le dit Louise Erdrich dans ses mémoires intitulées *The Blue Jay's Dance : A Birth Year* : « La maternité est un art raffiné. Nous l'acquérons et en apprenons le rythme autant des autres mères que grâce à notre propre instinct. En nous formant comme mères, nous nous donnons forme les unes aux autres, par de subtiles pressions et des chocs soudains. Les défis nous façonnent, l'approbation nous affine, les petites abrasions nous transforment jusqu'à ce que nous soyons constituées les unes des autres, et pourtant entièrement nous-mêmes. » C'est dans un tel esprit que je partage avec vous la lettre de Debra :

Je suis la mère de deux enfants âgés de cinq et neuf ans. Lorsque j'ai commencé à travailler à temps partiel, mon premier enfant avait quatre mois, et quand mon plus jeune a eu quatre ans, j'avais atteint mes limites et j'en avais assez de jongler avec notre vie démentielle. J'ai su qu'il était temps de m'arrêter le jour où, alors que j'étais au volant de ma voiture, j'ai observé une mère traverser la rue devant moi, traînant derrière elle un panier d'épicerie et quatre jeunes enfants. Elle était manifestement pauvre et devait rester à la maison avec ses enfants. Je me suis prise à l'envier. Elle avait du temps, et pas d'argent. J'avais de l'argent, et pas de temps. J'étais aussi pauvre qu'elle, bien que de manière différente.

On aurait dit que les pressions auxquelles nous devions faire face n'avaient pas de fin – l'école, mon travail, le travail de mon époux, les activités sociales, etc. Quelque chose devait changer. Alors j'ai simplement appliqué les freins, brandi un gros panneau marqué ARRÊT, et j'ai pris un congé sans solde de trois mois. Durant les mois qui ont précédé mon arrêt de travail, je me sentais anxieuse et coupable de prendre un tel congé. J'avais l'impression que cela avait quelque chose de décadent, puisque mes enfants seraient à l'école durant la journée. Qu'est-ce que j'allais faire ? À quoi m'occuperais-je ? Qu'est-ce que j'apprendrais ?

Au cours de ce congé, j'ai découvert comment être, simplement. Comment ralentir, être simple et être présente chaque instant de chaque jour. Et combien ces moments étaient nombreux ! Je ne bousculais plus mes enfants le matin puisque je n'avais plus à me rendre où que ce soit. Nous pouvons nous ajuster à leur rythme. Comme cela prenait à ma fille quinze minutes à sortir de la voiture et à traînasser jusqu'à l'école, nous quittions la maison une demi-heure plus tôt pour qu'elle puisse agir à sa guise. Nous regardions les arbres et découvrions des nids. Oh ! la liste pourrait se poursuivre sans fin. C'était là le rythme le plus agréable et le plus lent que j'avais jamais adopté au cours de ma vie.

Les choses ont bien changé depuis ce temps. Je suis retournée travailler pour quelques mois encore, puis j'ai démissionné. À présent, je travaille comme contractuelle pour la même entreprise à raison de dix heures par semaine, et cette flexibilité me permet de faire en sorte que notre vie se poursuive sur la voie de la simplicité.

Je sais qu'il y a plusieurs mères autour de moi qui souhaitent mener une vie plus simple, mais qui ne croient pas pouvoir y arriver. Il y a des ingénieures là où je travaille qui me disent : « Je t'envie de faire ce que tu fais, de te réserver du temps à passer avec tes enfants. Je ne pourrais jamais faire ça. Je me sens tellement coincée. » Je ne peux que les y encourager. En vérité, ce sont elles qui doivent intérioriser le sentiment qu'elles PEUVENT changer quelque chose à leur réalité. Puis, il y a l'autre bout du spectre. Après que j'ai réussi à devenir ingénieure à temps partiel, notre société est devenue si flexible et vouée à l'équilibre familial qu'un ingénieur a négocié une entente pour travailler à domicile de manière à ce que lui et sa femme puissent tous les deux s'occuper de leur fillette encore bébé. L'équipe les a appuyés dans leur démarche et nous avons changé l'heure de nos réunions pour nous plier à ce nouvel horaire.

*E*n lisant cette lettre, j'ai eu l'impression qu'une main amicale s'était tendue à travers le temps et l'espace. Qui d'entre nous n'a pas vécu cette mélancolie et ces dilemmes ! Et combien nous sommes reconnaissantes lorsque quelqu'un d'autre reconnaît et honore les petites tâches que nous remplissons chaque jour. Toutes les fois que je me retrouve à converser avec d'autres mères, nous nous posons invariablement la même question : « Quel est votre horaire ? » Nous voulons savoir comment les autres femmes se débrouillent, ce qu'elles s'efforcent de protéger, ce à quoi elles ont décidé de renoncer, jusqu'où elles sont prêtes à aller. Les histoires que nous entendons ne nous disent peut-être pas comment réorganiser notre propre vie, comment élever nos enfants, comment trouver l'accomplissement. Cependant, elles nous rappellent que toutes nous avons des choix à faire. Et elles peuvent même nous inciter à examiner les choix que nous avons faits. Au bout du compte, nous avons toutes à décider où se situe l'équilibre pour nous – entre le travail et la famille, entre faire et être, entre acquérir plus et accepter ce que nous avons, entre simplifier et en faire plus, entre le monde qui s'étend au-delà de nos murs et la vie que nous créons entre ceux-ci. Et, à un certain moment, nous pouvons commencer à nous demander : en vertu de quels standards suis-je donc en train de vivre ma vie ? Ceux d'une boîte de publicité ? D'un voisin ? D'un parent ? D'une entreprise ? D'une culture ? Ce n'est que lorsque nous nous arrêtons assez longtemps pour arriver à discerner ce qui compte vraiment pour nous que nous sommes en mesure de faire de notre vie l'expression authentique de notre moi intérieur.

Pour celles d'entre nous qui sont devenues adultes au cours des deux dernières décennies, un tel questionnement peut signifier qu'il faudra rejeter précisément certaines des valeurs les plus acceptées dans notre culture – l'accomplissement professionnel qui l'emporte sur l'expérience intérieure, par exemple, ou le pouvoir qui l'emporte sur la force morale. Cela peut aussi vouloir dire qu'il faudra se forger un modèle de vie familiale nouveau et original. Dans mon propre cas, ce modèle a évolué lentement avec le temps, car à la naissance de mon premier fils, j'ai réalisé que rien dans ma vie de jeune adulte ne m'avait préparée aux circonstances et aux défis de la vie de mère.

Lorsque j'étais étudiante à Smith College durant les années soixante-dix, mon éducation portait sur la façon dont nous, les femmes, allions nous tailler une place dans notre milieu de travail. Bien que la plupart de mes amies et moi-même prenions pour acquis que nous allions probablement nous marier et avoir des enfants, je ne peux me rappeler une seule conversation au cours de laquelle nous aurions discuté, à l'époque, du rôle que les enfants joueraient dans notre vie ou même de la façon dont nous allions trouver un équilibre entre les responsabilités de la maternité et notre carrière. Je suppose que si nous avions songé à tout cela, nous aurions vu la vie familiale comme une sorte d'appendice à la vie réelle – c'est-à-dire celle que nous nous créerions pour nous-mêmes par le biais de notre carrière, de nos voyages, de notre formation continue et autres aventures temporelles. Nos autres modèles étaient déjà au front, dans le milieu des affaires, en sciences ou en art – pas à la maison avec les enfants. Lorsque Jane Pauley a visité notre campus, nous nous sommes entassées dans la salle pour l'entendre nous parler de sa première année au *Today Show*[1]. Une autre diplômée ayant connu le succès, et qui était alors la directrice d'un magazine féminin en vogue, nous a prodigué des conseils à propos du merveilleux monde de l'édition. Il y avait des conférences presque chaque semaine et toutes étaient livrées par ces femmes qui réussissaient dans un monde d'hommes. Jill Kerr Conway, la présidente de notre collège, était la preuve vivante que cela était possible. Bien que Sylvia Plath et Anne Morrow Lindbergh étaient au nombre de nos anciennes, nous étions plus fières de Gloria Steinem et de Betty Friedan.

*O*n dirait que cela se passait il y a très longtemps, dans une autre vie. Comme nous en savions peu, à vingt ans, sur les vrais choix qui en viendraient à définir notre vie ou sur les questions les plus profondes qui viendraient nous hanter lorsque nous donnerions naissance à nos propres enfants ! Mes compagnes de classe se sont en effet éparpillées dans le monde du travail. Mais dix ans plus tard, la plupart d'entre nous étions également mariées et avions fondé une famille. Et bien que la génération qui nous précédait avait fui la maison en hordes compactes, échappant désespérément au confinement de la vie parentale, plusieurs de mes paires se sont prises à hésiter sur le seuil. Celles qui sont effectivement parties se sont bientôt retrouvées tiraillées

---

[1] NDT. Le *Today Show* est une émission diffusée chaque matin à la télévision américaine et dont Jane Pauley a été l'animatrice de 1976 à 1989.

comme elles ne l'avaient prévu à aucun moment. Nous avons acheté et meublé nos maisons – et puis, on dirait qu'aucune d'entre nous n'a plus jamais été chez elle. Nous avons eu des enfants – et puis, nous nous sommes senties coupables de les envoyer à la garderie. Nous avons connu à divers degré la réussite matérielle – et pourtant, nous nous sentions de plus en plus démunies, car notre vie extérieure s'écartait de plus en plus de notre idéal intérieur.

Nous finissons toutes par nous butter à des questions semblables. En quoi est-ce que je crois ? Où est-ce que je puise le sentiment d'avoir un but dans la vie ? Et alors, comment puis-je modeler ma vie de manière à ce qu'elle reflète cette vérité ? Quels choix s'offrent à moi ?

Je me rappelle les premières années qui ont suivi la naissance de mon fils comme une époque d'isolement. Les femmes de mon entourage qui avaient eu des enfants s'étaient empressées de retourner au travail ; mon voisinage urbain où prédominent les professions libérales était pratiquement désert durant la journée. Mes amies étaient heureuses de parler entre elles de leurs bonnes d'enfants et de leurs jeunes filles au pair, de services de gardiennage et de prématernelles – mais si un autre univers de mères et d'enfants existait, je n'en entendais pas parler. Pourtant, mon instinct me disait que ma place était auprès de mon fils, qu'il n'y avait pas de réel substitut au genre d'éducation attentive que j'aspirais à lui prodiguer. Je ne me sentais pas très compétente dans ce nouveau rôle, c'est sûr, mais mon époux et moi avions le sentiment que nous nous étions embarqués dans cette odyssée côte à côte, et nous partagions la même vision d'un foyer constituant un havre de paix où nous et nos enfants pourrions grandir et nous épanouir. Nous parlions sans arrêt de la façon dont nous pourrions concevoir un tel endroit, et à mesure que nous progressions à tâtons, nous gardions en tête cette image, la raffinant petit à petit, pas à pas.

Avec le temps, j'ai fini par rencontrer des mères qui avaient fait différents choix : travailler à mi-temps ou pas du tout durant un moment ; fonder des entreprises à domicile ; imaginer des horaires qui fassent passer les besoins des enfants en premier ; partager de manière plus équitable avec le conjoint les soins à prodiguer aux enfants. La situation familiale différait d'une personne à l'autre, les questions financières constituaient des défis de taille, et pourtant, la volonté de s'engager à éduquer son enfant de manière enrichissante ressortait constamment. Par moments, moi aussi je découvrais mon propre rythme et je trouvais une façon de conjuguer le travail à temps partiel et l'éducation des enfants.

De plus en plus, cependant, je sentais que la maternité elle-même devenait ma véritable vocation. On aurait dit que plus je consentais à en prendre conscience, plus ce rôle devenait important à mes yeux. Façonner et protéger notre espace familial, célébrer les anniversaires et les fêtes annuelles, donner le ton à la table du souper, cultiver un climat dans notre foyer, peindre, cuisiner et inventer des histoires avec mes fils, veiller simplement aux détails de notre vie en famille – ces activités et plusieurs autres, petites et grandes, innombrables, en sont venues à représenter autant d'occasions de me concentrer, de travailler et de croître de manière plus profonde. Incessamment, je suis à la fois prise d'humilité devant l'ampleur de ma mission de mère dans la société contemporaine et mise au défi par cette mission. Trouverais-je une façon de conférer beauté et signification à un après-midi creux alors que le reste du monde tourne à un autre régime ? Arriverais-je à affronter une pièce remplie de jouets épars et à voir cela comme une occasion de transformer le chaos en ordre ? Avais-je l'autodiscipline requise pour éduquer deux garçons de manière efficace ? Avais-je la force intérieure nécessaire pour résister aux valeurs de l'Amérique des entreprises, de l'Amérique matérialiste – et pour façonner un nouvel éventail de traditions et d'idéaux ? Pouvais-je réunir suffisamment d'humour, de patience, de flexibilité et d'amour pour combler leurs besoins jour après jour? Avais-je assez conscience de mes propres besoins pour les formuler, et également pour les assouvir? Pouvais-je laisser aller une identité et commencer à m'en forger une nouvelle sur la base de ces réflexions, de ces leçons et de cette énergie féminine?

*J*e crois que nous oublions trop facilement, lorsque nous sommes confrontées au fait que notre vie est orientée vers les choses matérielles, que la plupart d'entre nous *peuvent* faire des choix quant à leur vie. Nous avons la liberté – peut-être davantage que n'importe quelle des générations précédentes – de définir notre vie, de vivre selon nos propres valeurs, de fixer nos propres limites. Pourtant, toutes nous avons été influencées, à divers degrés, par les pressions de notre époque : la pression pour que nous embauchions une gardienne et retournions travailler à l'extérieur, la pression pour que nous incitions nos enfants à acquérir une indépendance et une compétence toujours plus tôt dans leur vie, la pression pour que nous possédions plus de choses, pour que nous nous inscrivions dans plus d'activités, pour que nous produisions et achetions davantage.

Ne serait-ce qu'au cours des quelques dernières années, la technologie a modifié jusqu'au rythme de la vie quotidienne dans nos sociétés. Nos téléphones cellulaires, nos lecteurs de cassettes, nos agendas électroniques, nos comptes de courrier électronique et nos ordinateurs portatifs nous incitent à renoncer à tous nos temps « morts ». Nous le faisons tout bonnement parce que nous en avons la capacité. Nous sommes parfois si enfoncées dans un cycle de factures et d'acquisitions, d'activité et d'épuisement, d'accomplissement et de reconnaissance, que nous ne réalisons même pas que nous sommes devenues les victimes non consentantes de nos propres ambitions et de nos propres désirs. Mais même cela, au fond, constitue un choix. Et il n'est pas trop tard pour changer d'idée.

De nos jours, il me semble que plusieurs femmes *essaient* de sortir des sentiers battus. Durant la dernière décennie, les femmes, et en particulier les mères, ont donné le ton au mouvement visant la simplicité volontaire. Celles d'entre nous qui ont atteint l'âge adulte dans une culture où était sous-estimé le rôle de la personne qui prenait soin des enfants ont réalisé que notre famille a encore besoin qu'on s'occupe d'elle. Celles d'entre nous qui avaient été conditionnées à rechercher le succès ont durement appris que vivre sa vie le plus pleinement possible ne signifie pas toujours qu'il faut posséder le plus de choses et faire le plus de choses possible. Celles d'entre nous qui ont fait l'expérience de la vie au sein d'une entreprise en sont venues à se demander si elles voulaient vraiment que leurs enfants les suivent dans cette voie. Devions-nous les préparer à jouer des coudes pour se tailler une place sur le marché mondial ou les encourager à avancer à leur propre rythme ? Devions-nous les entourer de biens matériels ou leur enseigner à rechercher et à savourer les joies les plus simples et les plus authentiques ? Nous n'avons peut-être pas trouvé réponse à nos questions, et pourtant, plusieurs d'entre nous sont prêtes pour quelque chose de différent – pour nous-mêmes et pour nos enfants.

Nous avons peut-être mis en veilleuse notre carrière ou trouvé des façons de répartir de manière plus équitable le temps consacré au travail et à la vie familiale. Nous avons peut-être décidé de nous débrouiller avec moins d'argent afin d'avoir plus de temps. Nous avons peut-être fait l'expérience de nouveaux rôles au sein de la famille. Ou nous avons peut-être commencé à considérer notre rôle de mère sous un jour nouveau – comme un parcours profond ayant une valeur en soi et un catalyseur de la croissance intérieure. Dans tous les cas, notre attention s'est reportée sur quelque chose de plus important. Nous avons été ramenées à notre propre foyer, à notre propre famille, à notre propre vie intérieure.

En tant que mères, nous avons la chance, jour après jour, de cultiver, en nous et chez nos enfants, des qualités qui sont trop souvent négligées dans notre société : des qualités liées aux sentiments et à l'imagination, à la douceur et à la compassion, à la vénération et à l'émerveillement. L'auteur Jonathan Kozol dit : «Nous devons investir dans leur cœur compatissant tout autant que dans leur esprit de compétition.» Lorsque nous offrons ces qualités au monde, nous apportons notre propre petite contribution à l'humanité et au bien de chacun.

Lorsque je songe à présent à mes amies et à mes voisines, c'est avec un profond sentiment de gratitude pour la communauté attentionnée que nous formons. Nous partageons régulièrement avec les autres de la nourriture, des corvées, le soin de nos enfants, des avis éclairés, des rires et des larmes – et même des vêtements. Par-dessus tout, nous faisons montre de compassion à l'égard du combat que chacun d'entre nous mène. Maintes et maintes fois, cependant, nous ne répondons pas à nos idéaux. Ou bien c'est la vie qui reçoit le meilleur de nous-mêmes, ou bien ce sont nos enfants. Pourtant nous sommes mères, alors nous allons de l'avant, aimant nos enfants et faisant de notre mieux d'une fois à l'autre.

Un livre qui nous a inspirées et que nous faisons circuler, un article découpé dans un magazine, un appel téléphonique à la fin d'une longue journée, une promenade ou une tasse de thé, un mot d'encouragement – voilà les petits gestes par lesquels, nous, les mères, pouvons nous rejoindre et célébrer notre parcours. Nous pouvons apprendre à faire confiance à nos moi maternels et à avoir foi en la bonté et en la pureté intrinsèques de nos enfants – même lorsque nous nous sentons accablées et lorsque les enfants nous poussent à bout. Nous pouvons appuyer les autres dans leurs choix, quels qu'ils soient. Nous pouvons faire montre de compréhension les unes à l'égard des autres et être moins sévères avec nous-mêmes. Et nous pouvons nous rappeler que nous n'avons pas besoin d'évaluer notre vie quotidienne en fonction de ce que nous avons réussi à accomplir. Il y a une vraie valeur dans le fait d'être simplement présentes auprès de nos enfants. En effet, lorsque nous réclamons le droit d'accéder au royaume de la maternité, nous protégeons et honorons par le fait même le domaine de l'enfance.

POUR LES ENFANTS

Les collines dressées, les pentes,
des statistiques
s'étalent devant nous.
L'ascension abrupte
de toute chose, montant,
montant, alors que tous
nous descendons.

Au prochain siècle
ou celui d'après,
dit-on,
se trouvent des vallées, des pâturages,
nous pouvons nous rencontrer là-bas en paix
si nous y parvenons.

Pour escalader les crêtes à venir
une parole qui t'est destinée, à
toi et à tes enfants :

restez ensemble
apprenez les fleurs
devenez légers

– GARY SNYDER

DES BATTEMENTS D'AILES

CELA M'A PRIS un an et demi à rédiger ces réflexions sur la maternité. Maintenant que je les relis, cela m'apparaît comme un modeste témoignage. Tant de choses, après tout, ont été vécues sous ce toit – et qu'est-ce que mon travail a donné ? Cette liasse de feuilles, quelques moments de grâce saisis au vol. Je me demande bien pourquoi j'ai mis tant de temps.

Dans la vie d'un enfant, un an et demi est en effet une très longue période. À mes yeux, cependant, il me semble que c'est hier que je me suis assise pour rédiger la lettre qui a constitué les prémices de ce livre. Pourtant, notre vie familiale est si différente de ce qu'elle était à l'époque ; même durant ce court laps de temps, de petites choses ont changé et, de manière presque imperceptible, nous avons changé à leur suite. Ce n'est que maintenant que je m'arrête pour parcourir ces pages, et pour parcourir les chapitres de ma vie qu'elles constituent, que je réalise à quel point des choses qui m'étaient chères m'ont filé entre les doigts alors même que j'essayais de leur prêter ma voix, et qu'elles ont fait place à de nouvelles façons de faire et d'agir.

Mes garçons ne prennent plus leur bain ensemble, plus jamais. Maintenant, Henry prend sa douche seul et Jack se lave lui-même les cheveux. Alors la porte s'est refermée sur les histoires fantastiques qu'ils s'inventaient dans la baignoire et sur les longues heures qu'ils passaient là-dedans à s'arroser et à jouer, en ressortant enfin avec les doigts et les orteils tout ratatinés, pour se faire envelopper dans des serviettes et border dans des lits tièdes. Nos câlins du matin se font rares eux aussi. Jack dort plus longtemps et Henry aime à être le premier habillé et descendu au rez-de-chaussée. Il fait jouer sa propre musique, met la table pour le déjeuner et jouit de son nouveau sentiment d'indépendance. Les deux garçons sortent vite jouer dehors ces jours-ci, la tête remplie de projets bien à eux et sans avoir désormais besoin de la supervision ou de l'interférence des adultes. Henry saute sur sa bicyclette et pédale autour du pâté de maisons ; Jack se rend à pied à la piscine en compagnie d'un ami plus âgé.

Alors, mon rôle change, lui aussi ; on s'attend à ce que je sois moins une compagne de jeux, à présent, et plus simplement un témoin du vertigineux processus de croissance et de l'éveil intérieur de mes enfants. C'est avec un pincement de tristesse que je reconnais le dénouement prochain. Ils sont derrière moi les jours où je tenais délicatement entre mes mains une petit tête savonneuse ; où je berçais un fils pour l'endormir ; où je transportais un garçon fatigué sur mon dos ; où je lisais « The Little Fur Family » ; et où je nettoyais des fesses d'enfants et parlais avec des ours en peluche. Et je m'ennuie déjà de ces moments, je m'ennuie de l'époque où l'on avait tant besoin de moi, de la confiance que j'éprouvais à savoir avec une saisissante exactitude où je devais me trouver et ce que je devais faire à chaque moment de la journée.

Juste comme je viens de me faire une idée de ce que signifie prendre soin d'un enfant d'âge préscolaire, me semble-t-il, je me retrouve avec un élève de première année devant moi. Je viens juste d'apprendre à aimer un gamin de neuf ans et de m'habituer à vivre avec lui, et soudain, ce gamin de neuf ans disparaît, cédant la place à un préadolescent. Ils ne restent jamais suffisamment longtemps pour que je sois rassasiée d'eux, à quelque âge que ce soit. « Arrêtez ! ai-je envie de crier, faisons les choses ainsi encore un moment, ne bougeons plus d'ici. » Mais le mouvement est inexorable – plus haut, plus fort, plus loin, vers l'avenir. Je me souviens comment je me sentais dans la voiture en route pour l'hôpital où j'allais donner naissance à mon premier fils, souhaitant, même au milieu des premières contractions, que nous puissions rester en route un moment encore. J'étais devenue très bonne en matière de grossesse, j'avais appris à m'occuper d'un bébé qu'on porte en son sein, je n'étais pas du tout certaine que j'étais prête à en tenir un dans mes bras. Je ne savais pas que l'envie de saisir la vie dans un arrêt sur image ne s'estomperait jamais, ni que mon désir de m'accrocher à tout ce que nous avions ou faisions à chaque instant de notre existence entrerait toujours en conflit avec l'instinct naturel de mes fils : les poussant à grandir, à vivre, à remplir leur propre destinée sur cette terre. Parfois, me semble-t-il, il se produit en une seule nuit des changements perceptibles. Le garçon qui croise mon regard au déjeuner n'est pas le même que celui dont j'ai embrassé les joues la veille au soir. Et même si je m'émerveille devant leurs plus récentes incarnations, je pleure l'enfant d'hier, qui n'est plus qu'un souvenir. Les aimer, c'est les laisser aller, petit à petit, jour après jour.

Il y a quelques années, alors que j'étais en train de lire, assise sur une chaise sous le soleil, l'extraordinaire livre de Thomas Moore intitulé *Le soin de l'âme*, je me suis arrêtée sur une phrase qui m'a fait m'immobiliser complètement. La famille, écrit-il, est « le nid où l'âme naît, est nourrie et fait son entrée dans la vie ». Avec ces quelques paroles toutes simples, je commençais soudain à entrevoir tout ce à quoi j'aspirais dans ma propre vie en tant qu'épouse et mère. Si je pouvais créer un tel nid – un havre de paix pour nous tous, un endroit lumineux et sacré où nous puissions célébrer les joies simples et authentiques de la vie –, cela constituerait déjà un accomplissement respectable.

Nous vivons à une époque où l'expérience personnelle risque de devenir interchangeable. Un jour se fond au suivant alors que nous mangeons dans des chaînes de restaurants, magasinons dans des chaînes de magasins, faisons la navette entre la maison et le boulot, jetons nos âmes en pâture à la télévision, à la technologie et au loisir préfabriqué. Les mots de Thomas Moore m'invitaient à partir en quête de quelque chose de plus, pour moi-même et pour ma famille : un plus riche échantillon d'expériences sensorielles, une structure plus délibérée à donner à notre vie, une appréciation plus consciente du moment qui s'offre à nous et un plus profond respect pour la vie intérieure. J'ai commencé à réaliser que si je prêtais véritablement attention à la qualité des jours que nous vivions ensemble, je pourrais les vivre avec plus de ferveur et de bonheur et en regrettant moins ce qui aurait pu être. Si je prenais le temps de remarquer les choses en cours de route, de vraiment prendre ma place dans ma propre vie en cessant de me précipiter constamment vers l'activité suivante il me serait peut-être plus facile de surmonter les inévitables changements et défis qui croiseraient mon chemin. Et si nous pouvions trouver notre propre rythme en tant que famille, et le suivre, nous découvririons peut-être tous ce qui est essentiel et significatif dans notre vie.

Chaque printemps, j'observe les petits roitelets bruns dans notre cour arrière qui volètent de long en large avec des fétus de paille, des feuilles et des bouts de corde, préparant sans relâche leur nid pour leurs petits. Puis, prêtant l'oreille, j'entends combien ces nouveau-nés sont exigeants, toujours affamés, pépiant pour en réclamer plus, toujours plus. Mais les mamans oiseaux sont douées de la sagesse animale ; elles savent que rien de cela ne durera toujours, qu'elles peuvent faire ce qu'on a besoin qu'elles fassent. L'instinct les guide à travers les rigueurs de la vie parentale. C'est ainsi que l'instinct nous guide, nous aussi, mères humaines, si nous nous arrêtons suffisamment longtemps pour prêter attention. La maternité nous offre l'occasion de recréer le monde de toutes pièces chaque jour, d'aller à sa rencontre fraîches et disposes au moment même où nous nous découvrons des réserves de force et de sagesse que nous ne savions pas posséder. Et voilà qu'arrivent les chaleurs de l'été, et le nid sur le perron d'en arrière est vide. Si vite ! me semble-t-il. Pas trop tôt ! songent les mères roitelets.

Dans notre propre nid, j'entends des battements d'ailes chaque jour. Dans ma tête, je fais le décompte des années qui me séparent du moment où mes garçons quitteront la maison et je m'émerveille en pensant au chemin que nous avons parcouru depuis ces premiers jours et ces premières semaines passées ensemble, lorsque la petite enfance semblait devoir durer toujours. Chaque nuit avant d'aller dormir, je fais ma ronde, m'attardant à regarder ces frimousses endormies, à me demander où est leur âme lorsque leur corps est au repos et où leurs envolées les conduiront. Pour le moment, toutefois, nous sommes ici ensemble, en sécurité au sein de cette famille que nous formons, unis par nos joies, nos peines et notre foi mutuelle. Si mes fils apprennent la compassion ici, ils apporteront de la compassion au monde. S'ils apprennent ici comment faire confiance aux autres, ils apprendront à faire confiance au monde qui les attend de l'autre côté de nos murs. Puis, lorsque le temps sera venu, je sais que je serai en mesure de leur faire confiance, à eux aussi, et de les laisser partir. En les aimant, je grandis. En grandissant, ils apprennent à redonner l'amour qu'ils reçoivent.

Note aux lectrices

• Le catalogue Chinaberry est une merveilleuse ressource de livres pour enfants et pour adultes, et autres articles qui « soutiennent les familles dans l'éducation des enfants dans l'amour, l'honnêteté et la joie de devenir des personnes qui prennent soin de manière respectueuse et affectueuse les uns des autres et de la Terre ». Pour commander un catalogue, téléphonez au 1-800-776-2242.

• Les cartes TableTalk et KidTalk sont disponibles dans tous les bons magasins de jouets ou au numéro suivant : 1-800-997-5676.

• Le magazine *Mothering* « célèbre l'expérience de la maternité et de la paternité comme quelque chose qui mérite que l'on y consacre nos meilleurs efforts et vise à inspirer la reconnaissance de l'immense importance et de la valeur du travail des parents et de la vie familiale dans le développement du plein potentiel des parents comme des enfants ». Lorsque mes enfants étaient plus jeunes, l'arrivée de *Mothering* dans ma boîte aux lettres était le moment fort de ma journée. Même si je n'étais pas toujours d'accord avec les opinions qui y étaient exprimées, je me sentais mise au défi et motivée par le message. Pour vous abonner, téléphonez au 1-800-984-8116.

• Les lectrices intéressées à en savoir plus sur le genre d'enseignement que l'on dispense dans les écoles Waldorf peuvent entrer en contact avec Waldorf School in America, 3911, Bannister Road, Fair Oaks, CA 95628 (téléphone : 916-961-0927). Si vous recherchez un bon ouvrage d'introduction, lisez *Waldorf Education : A Family Guide*, édité par Pamela Johnson et Karen L. Rivers, publié par Michaelmas Press, PO Box 702, Amesbury, MA 01913-0016,

• Vous pouvez obtenir les merveilleux livres de Nancy Mellon en vous adressant à votre libraire préféré ou directement à l'éditeur : *The Art of Storytelling*, Element, Boston, MA (1998) et *Storytelling for Parents*, Hawthorn Press, Stroud, Gloucestershire, UK (2000).

REMERCIEMENTS

Plusieurs des idées développées dans ce livre trouvent leur source dans le travail de Rudolph Steiner, un enseignant autrichien qui a fondé la première école Waldorf en 1919. La philosophie du développement de l'enfant et le respect pour toute forme de vie qui sont à la base de l'éducation dispensée dans les écoles Waldorf ont guidé et façonné ma vie familiale dès le plus jeune âge de mes enfants. Alors que notre monde devient plus complexe et que nos enfants affrontent plus de stress de plus en plus tôt dans leur vie, la vision de Rudolph Steiner semble la plus pertinente d'entre toutes. Sa sagesse nous a certainement procuré, à mon époux et à moi, des fondations solides sur lesquelles bâtir notre propre approche relativement aux responsabilités parentales.

Je suis reconnaissante envers toutes les mères dont la vie et les mots m'ont inspirée, mais en particulier envers Carol Cashion et Michele Wickerham, les mamans de mon voisinage. Bon an, mal an, nous faisons ce travail ensemble et elles ont souvent pris soin de mes deux garçons alors que j'étais à l'étage en train d'écrire sur eux. À ces bonnes amies qui ont lu des fragments et des sections de ce livre à différentes étapes de son élaboration je dis merci, car vos réactions m'ont aidée à trouver ma propre voix : Carol et Michele, encore une fois, de même que Norma Duncan, Richard Eder, Lisa Freeman, Nancy Heselton, Gish Jen, Nancy Mellon, Elivia Sagov, Becky Saikia-Wilson, Linda Weltner et Debra Woods. Un merci tout spécial à ma mère, Marilyn Kenison, à mes agents, Mary Evans et Tanya KcKinnon, à Jennifer Romanello chez Time Warner et à ma chère amie, mère comme moi et éditrice adorée, Jamie Raab.

Finalement, des remerciements du fond du cœur à mon époux, Steven Lewers, qui a vécu ce livre et a cru que je pourrais l'écrire.

À PROPOS DE L'AUTEURE

Katrina Kenison a grandi à Milford, dans le New Hampshire et a gradué au Smith College en 1980. Ancienne éditrice pour Houghton Mifflin Company, elle est, depuis 1990, l'éditrice annuelle de *The Best American Short Stories*. En collaboration avec John Updike, elle a dirigé la publication de *The Best American Short Stories of the Century*, un livre édité par Houghton Mifflin en 1999. Elle a aussi codirigé le recueil *Mothers : Twenty Stories of Contemporary Motherhood. Le précieux fil des jours* est son premier livre.

Katrina Kenison vit dans la région de Boston avec son époux, Steven Lewers, et leurs deux fils.